第4章

投げる

正しいピッチングフォームを身につけよう

最新版！
現代の正しい
ピッチングフォーム

正しいピッチングフォームとは、「体を効率よく回転させる」ことのできるフォームである。効率よく体を回転させれば肩や腕にもそれほど負担はかからず、ケガもしなくて済む。

ダルビッシュ有投手のグローブをはめた腕の理想的な使い方

グローブを左脇に素早く引き込むのではなく、グローブを引いてくる位置はお腹のあたりがベスト。この方法だと上体にタメができるので体の回転が速くなり、球速もアップする。

第5章

打つ・守る・走る

まだあまり知られていない最新野球理論

これが最先端！正しい打撃フォーム

バッティングの基本。それは“全身を使って打つ”こと。足から股関節、腰のひねり、肩、腕、ヒジ、手、そしてバットと、力が連動していくように基本を徹底して練習する。

鋭いスイングは骨盤の回転から生まれる

足を踏み込んでから軸足を内側にひねることによって骨盤も連動して回り、打撃のパワーを生み出す。バランスボールを使った練習をすれば、このパワーをさらにアップできる。

第6章

体の仕組みを理解しよう

子供の才能を開花させるために

中学生までは
筋肉の鍛えすぎは絶対にダメ！

小学生が激しい筋トレをすれば、筋肉に引っ張られることによって骨がめくれてしまう。小学生は軽い負荷のかかる程度のトレーニングでOK。筋肉の鍛えすぎは絶対にダメ！

第7章

ケガをしない体作り

メジャー流トレーニングを実践

ケガ予防！
家でできる簡単トレーニング

トレーニングジムに通わなくても、ケガを防止するための体作りはいくらでもできる。小学生は負荷の軽いものを、何度も持ち上げたり、引っ張ったりすることが重要。

最新！メジャー流

野球コーチング術

投打の基本と、折れない心と体の作り方

元ニューヨーク・メッツ　コンディショニングコーチ
立花龍司

竹書房

はじめに

仕事柄、私は全国各地で「競技が上手くなるトレーニング」や「ケガをしない体作り」、さらにはメンタル強化術などの講演を行っています。

少年野球や高校野球などの指導者を対象にした講演も多く、その度に私は「心技体」をバランスよく鍛えることの重要性、さらに小・中・高校の各世代でやるべきこと、また最近では〝眼〟のトレーニングの大切さも説いています。

近年、全国各地の指導者の方々から、「気持ちの弱い子供が増えた」という声をよく耳にするようになりました。

「気持ちの弱い子供が増えたから、きつい練習などをするとすぐ野球を辞めてしまう」というのです。

「気持ちが弱いというか、とにかく根性がない。すぐにあきらめてしまう」

そんな風に言う指導者の方もいました。

しかし、子供たちがチームを去っていくのは、本当に気持ちが弱いからでしょうか？

根性がないからでしょうか？

「気持ちの弱さ」＝「根性のなさ」だと単純に解釈してしまっている指導者が非常に多いですが、私はそうは思いません。

長続きしないのは「根性がないからだ」という考え方は間違っています。物事を続けていくには、まずその対象を「好き」であることが第一条件となります。「好き」だから上手くなろうと思うし、「好き」だから苦しい練習にも耐えることができるのです。技術を向上させるのにも、物事を継続させていくのにも、「根性」はまったく関係ありません。

一番重要なのは、子供たちに「野球を好きになってもらうこと」なのです。とくに小学生のうちは、そういった指導が何よりも大切だと思います。

私は縁あって1997年の1シーズン、ニューヨーク・メッツのコンディショニングコーチに招かれ、野球の本場であるアメリカの、そしてその頂点であるメジャーリーグの野球に直《じか》に触れることができました。

メジャーリーグの野球に触れて私が目にしたもの。それは、あの屈強なメジャーリーガーたちが子供のように純粋に野球を楽しむ姿でした。

彼らが野球を楽しんでいる姿を見れば見るほど、私は「野球が好き」という強い気持ちこそが、「折れない心と体」を育《はぐく》んでいくのだと痛感しました。

野球少年だった私も、昔は何度も心が折れそうになったことがありました。しかし、私は挫折を糧《かて》として、折れる寸前で立ち直り、次の一歩を踏み出すことができました。

そして、私はその経験から、コンディショニングコーチになろうと決意し、折れない心と体をひとりでも多くの人に身につけてもらうべく、メジャーでのコーチ経験も生かしながら活動を続けています。


本書の中で詳しく述べますが、私は中学時代、ピッチャーとしてボーイズリーグのオールジャパンに選出されたことがあります。

中学3年生で身長は186㎝。球速も高校生並のスピードが出ていたと思います。振り返ってみれば、当時の私は完全に〝天狗〟になっていました。

そして中学3年の秋、肩の酷使《こくし》がたたってケガをし、その痛みは野球の特待生として進学した浪商《なみしょう》高校（現・大阪体育大学浪商高校）時代も続きました。

肩の痛みと戦いながら、だましだまし野球を続けていた高校2年の時、再び私の肩を激痛が襲います。

「俺の野球人生は終わった……」

生まれて初めて味わった絶望でした。六大学野球で活躍し、プロ入りする。うぬぼれにも似た、そんな希望しか持っていなかった私でしたから、絶望もそれに比例してとても深いものでした。

それまで野球一辺倒で生きてきた私から、野球を取ったら何も残りません。

「これから俺は、どうやって生きていったらいいんだ……」

どん底に突き落とされた私の心は、まさに折れる寸前でした。


しばらく経ってから、私はピッチャーはあきらめ、野手として生きていく道を選び、肩の痛みを軽減させるべくリハビリに励むことにしました。

ふと野球部のメンバーを見渡すと、私以外にもさまざまなケガと戦っている仲間がたくさんいることに気付きました。

野球を続けたい気持ちはあるのに、ケガによって野球部を去っていった人間もひとりやふたりではありません。

野球以外に進むべき道が見つかって辞めていくのであれば、「がんばれよ」と笑顔で送り出してあげることができますが、ケガによって辞めざるを得ない状況に追い込まれてしまった仲間に対し、どういう言葉をかけてあげればいいのか当時の私にはまったく見当がつきませんでした。

その頃です。「自分や辞めていった仲間たちのように、ケガで野球ができなくなる選手をちょっとでも減らせたらいいのにな」と私は漠然と思うようになりました。

さらにもうひとつ、私の将来を決定付ける出来事が高校時代にありました。間もなく卒業という高3の3学期。私にとって大切な存在だった親友が、病によってこの世を去ったのです。

親友は野球部の同期でした。特待生として入った私と違い、彼は一般入試によって入部してきた選手。しかし、肩のケガで私はレギュラーの道を閉ざされましたが、親友は地道な努力により、3年になった時には4番・キャッチャーというチームの中心的存在になっていました。

挫折した特待生と一般入試から這い上がってきた努力家。まわりから見れば水と油のように対照的なふたりだったかもしれませんが、不思議と彼とはとても気が合いました。名門浪商の4番・キャッチャーですから、彼はいくつかのプロ球団からも声がかかっていました。

しかし、彼はプロに進まず、大学野球に進むことをずいぶん早い時期から決めていました。

ところが、もうすぐ卒業という高3の3学期。彼が突然入院することになりました。お見舞いには何度も行きましたが、彼は卒業式に出席することはできませんでした。そんな状態ですから、もちろん大学の入学式も欠席となりました。

お見舞いに行った際、私は彼のお父さんに一体何の病気で入院しているのか、思い切って聞いてみました。

すると、彼のお父さんは「内臓の病気でね。治るにはちょっと時間がかかるみたいなんだ」と話してくれました。

それからしばらくして、彼は亡くなりました。

突然の親友の死。ショックでした。私は、親友が亡くなったという事実を受け入れることができませんでした。

彼の病室には、大学で使うつもりだったであろう新品の木製バットとキャッチャーミットがありました。

新品のバットは、ボールを打った跡はまったくないのに、グリップの部分は黒くくすんでいました。

キャッチャーミットも手にはめてみました。通常、新品のキャッチャーミットはガチガチに硬く、片手だけで開閉することは困難ですが、親友のミットは楽に開閉できるほど柔らかくなっていました。

きっと彼は、ベッドに横たわりながらもバットを握り続け、大学でプレーする自分をイメージしながらミットを手にしていたのでしょう。

黒くくすんだバットのグリップを見て、私は涙が止まりませんでした。

肩やヒジのケガと、親友のような病気はまったく違いますが、体の不調によって野球を続けることができなくなったことには変わりありません。

親友の死を経験し、私は「野球を続けたいのに続けられない。そんな人をひとりでも少なくしたい」という思いをさらに強くしました。

「野球を断念しなければならないことを、防げる仕事って何かないかな?」

その当時は「コンディショニングコーチ」などという言葉は存在しない時代でしたが、私はそういった仕事がないかいろいろと調べることにしました。

『週刊ベースボール』のプロ野球選手名鑑を見ていると、「トレーニングコーチ」という役職を務めている人が何人かいることに気付きました。

トレーニングを教える人は、ある意味ケガを予防することもできるのではないか。そこからさらに調べを進めていくと、アメリカにはコンディショニングコーチがいることも分かってきました。

それから大学を経て、私はコンディショニングコーチを目指すことになったのです。

本書では、ケガをしない体作りなどはもちろんですが、どうすれば「折れない心と体」を育めるのかに焦点を当て、私が今まで学び、研究してきた結果から導き出された答えをご紹介しています。

野球の技術を高めることはもちろん大切なことですが、それ以前に「心と体」を強くしなければ、技術をいくら高めてもそれは宝の持ち腐れになってしまいます。

ひとりでも多くの野球少年・少女たちに「折れない心と体」を育んでほしい。その願いを、この一冊に込めました。

選手のご両親や指導者のみなさんにもぜひご一読いただきたいと思います。そしてその結果として、ケガや病気によって大好きな野球をあきらめなければならない選手がひとりでも減れば、著者としてこれに勝る喜びはありません。

最新！メジャー流

野球コーチング術

目次

はじめに …… 1

第1章 「野球が好き!」がすべての原動力
野球の楽しさの教え方

野球が上手くなるために一番必要なもの …… 30
■メジャー流 1
「野球が好き」という気持ちがあれば、辛いことも厳しい練習も、やがて訪れるであろう〝壁〟をも乗り越えていくことができる。

「野球が好き」がすべての原動力
――純粋なメジャーリーガーたち …… 32
■メジャー流 2
子供たちに野球を好きになってもらいたいなら、三振しようが、エラーをしようが、それが積極的に動いた結果であるならば、まずは「がんばったね」と認めてあげることが大切。

野球嫌いだった私が野球好きになったワケ …… 36
■メジャー流 3
アニメのヒーローにしか興味のない子供も、「人間でもヒーローになれるんだ」

と野球選手にかっこよさや憧れを感じた瞬間、野球を好きになるもの。

小学校低学年のうちは「野球の楽しさ」だけを教えればいい……39
■メジャー流 4
「野球が好き」という気持ちは、強い気持ち、折れない心につながる。同様に「あの人のようになりたい」という気持ちも、精神を強くし、技術や体力を向上させる力となる。

なぜイチロー選手はバッティングセンターに通ったのか？……41
■メジャー流 5
イチロー選手は純粋に「野球が好き」だからこそ、誰も到達したことのない野球の境地を目指し、孤高の戦いを続けている。

イチローになりたいならひとりでバッティングセンターに行け……43
■メジャー流 6
嫌な気持ちのままトレーニングを続けていると、効率の悪い動きがそのまま体に記憶されてしまう。つまり、嫌々練習をしていると「下手になる」といえる。

イチロー父子が教えてくれた「子供を野球好き」にするためのやり方……45
■メジャー流 7
子供に長く野球を続けてほしいのなら、野球を好きになるような環境を親が作り出せばいい。すると子供は、自発的に「野球が上手くなるための努力」をするようになる。

第2章　「揺れない心」の育み方
ポジティブシンキングがなぜ大切なのか

〝勝ち〟を求めないキューバの少年野球に学ぶ……50
■メジャー流 8
キューバの少年野球は勝ちを求めない。選手が何度空振りしても、コーチは「ナイススイング！」としか言わない。のびのび野球の結果、規格外の選手がたくさん誕生する。

緊張との上手な付き合い方……53
■メジャー流 9
緊張するのは人間として、動物として当たり前。一流のアスリートは「緊張したくない」と避けるのではなく、「ようし、戦う準備が整った」と緊張を受け止める。

メジャーリーガーは結果を考えず「常に全力」を意識する……55
■メジャー流 10
メジャーリーガーは「絶対に打つ」などと自分にプレッシャーをかけない。「打てる球が来たらフルスイング」と、常に全力プレーだけを意識するのがメジャ一流ポジティブシンキング。

練習のための練習から「勝つための練習」へ……58

■メジャー流11
練習のための練習をしていると試合には勝てない。試合で勝つ練習とは、ピッチングならバッターを立たせて投げるなど、日々の練習の中で試合の臨場感を取り入れることが大切。

練習ではいいのに試合ではダメなピッチャーの意識改革……60

■メジャー流12
試合で突如コントロールを乱すピッチャーは、精神的に余裕がない。そんな選手には「四球を出すな」ではなく「○点以内に抑えよう」と言う。四球を意識させないことが重要。

メジャー流、落ち込んだ時の切り替え方……62

■メジャー流13
ミスをそのまま放っておくと、落ち込んだまま気持ちの切り替えができなくなる。エラーのようなミスをしたら、その後すぐにノックを何球も受け、ミスを成功体験に変えてしまう。

一流アスリートたちのポジティブシンキングに学ぶ……67

■メジャー流14
一流のアスリートたちは「○○しない」というネガティブ思考にはならず、「だったら○○しよう」とポジティブ思考に切り替えてから物事を考え、実行する習慣がある。

第3章 最新コーチング理論
選手のやる気を引き出すのがいい指導者

指導者にこそポジティブシンキングが重要……72
■メジャー流 15
打者に「○○するな」と指示した時と、「○○していこう」と指示した時のスイングスピードは、後者のほうが1・25倍も速くなる。指導者は常に「○○していこう」と言うべし。
名将ボビー・バレンタイン流
――コマンドからミッション、パッションへ……75
■メジャー流 16
「○○しろ」というただのコマンドも、動機付けによってミッションとなり、さらにチーム全体で取り組むことによってそこにパッションが生まれ、いろんな工夫や知恵が出てくる。

「○○するな」は動きも悪くする……77

■メジャー流17
「○○するな」と選手を否定し、さらに罰を与えるようなやり方では選手の守備範囲が狭くなる。守備範囲を広くするには「○○しようぜ」と選手の積極性を引き出していく。

最新のコーチング術で選手のやる気を引き出す……82
■メジャー流18
選手にまず質問し、何が問題なのか、やるべきことは何なのかに気付いてもらう。その上で指導者は問題を改善するための方法を提案する。これが近年注目されているコーチング術。

共感すれば選手はやる気に
――会話のコツは〝ミラーリング〟……84
■メジャー流19
相手の言っていることを真似して返すミラーリング。これを選手に対して行うと、選手は安心感とともに信頼感も抱き、練習にも積極的に取り組むようになる。

選手のやる気を上手に引き出すのがいい指導者……87
■メジャー流20
積極的にプレーした末のミスであれば、「全力プレーOK」と指導者が声をかける。それを繰り返すことで、選手は野球の楽しさを知ると同時に、全力プレーの大切さを理解する。

仰木彬監督は選手のやる気を引き出す名人だった……89
■メジャー流21
選手の適性を見抜き、それにふさわしい言葉をかける。仰木監督はその名人だった。足が痛くて走れないという中村紀洋選手に「ホームラン打ったら、走らんでええやん」と言った。

怒鳴る前にまず教えてあげてほしいこと……92
■メジャー流22
怒鳴ってばかりでは、選手は萎縮してしまうだけでなく、野球を嫌いになってしまう。小学校低学年の選手には、とにかく「野球は楽しい」ということを第一に教える。

〝怒る〟と〝叱る〟は違う……94
■メジャー流23
指導者は怒るのではなく、叱る。「怒る」という行為は、ストレスを発散しているだけ。しかし、「叱る」という行為には、相手をいい方向に導くための愛情や情熱が含まれている。

厳しい褒め方、優しい叱り方……96
■メジャー流24
叱る時は選手を威圧することなく、なるべく目線を合わせて語り合うようにする。逆に褒める時は多少相手に威圧を与え、「褒めるけど調子に乗るなよ」というメッセージを込める。

【コーチングコラム　その❶】
三食ちゃんと食べれば野球が上手くなる、体が大きくなる！……99
■メジャー流25
いい選手になりたいのなら、三食しっかり食べるのは当たり前。とくに朝食は一番大事。小・中学生のうちは市販されているプロテインよりも、カルシウムを摂ることのほうが重要。

【コーチングコラム　その❷】
試合前、試合後のおすすめの献立……103
■メジャー流26
普段はタンパク質を多く含む肉類、魚介類、大豆・大豆製品、卵などをバランスよく摂る。試合前日および当日は、麺類、パン類、ご飯類などの炭水化物を摂るようにする。

【コーチングコラム　その❸】
これからは熱中症対策も非常に重要……105
■メジャー流27
熱中症を防ぐには　①こまめな水分補給　②休憩をしっかり取る　③こまめに着替える、この3点を実践する。スポーツドリンクを飲むのであれば、市販のものを3倍程度薄めて飲む。

第4章

投げる

正しいピッチングフォームを身につけよう

私が肩を壊したワケ……110

■メジャー流28

誰もが経験するであろう人生初の挫折。しかし、圧倒的な絶望を味わったからこそ「野球だけではダメなんだ」と気付くこともできる。

日本の投手は投げすぎ、アメリカの投手は投げなさすぎ……114

■メジャー流29

完投を目指す日本のピッチャーは、普段の練習からボールを投げすぎ。小学生がケガをしないようにピッチング練習をするには「一日50球×週に多くて三日」が限度。

メジャー流、球数を必要としない効率的なピッチング練習……116

■メジャー流30

効率的かつ実戦的なピッチング練習「アップダウンセット」。20球投げたら5～10分休憩し、違うマウンドでまた20球投げる。メジャーの先発投手はこの練習を5セット程度行う。

最新版！　現代の正しいピッチングフォーム……118
■メジャー流31
正しいピッチングフォームとは、「体を効率よく回転させる」ことのできるフォームである。効率よく体を回転させれば肩や腕にもそれほど負担はかからず、ケガもしなくて済む。

試合中、急に崩れたピッチャーにかけるべき〝ひと言〟とは？……133
■メジャー流32
しっかり投げようとするあまり、両目でキャッチャーを見るから体が開いてしまう。そんな時は「左目でキャッチャーを見るようにしよう」と言えば、体が開かなくなる。

ダルビッシュ有投手のグローブをはめた腕の理想的な使い方……136
■メジャー流33
グローブを左脇に素早く引き込むのではなく、グローブを引いてくる位置はお腹のあたりがベスト。この方法だと上体にタメができるので、体の回転が速くなり、球速もアップする。

速い球を投げるには〝メンコエクササイズ〟！……139
■メジャー流34
メンコは単なる昔の遊びではない。メンコを地面に叩きつける際、始動はヒジからとなる。メンコ遊びによって、腕をムチのようにしならせる感覚を覚えることができる。
なぜイップスになってしまうのか……148
■メジャー流35
真面目な人ほど、「ちゃんと投げなければ」という気持ちが強すぎてイップスになる。コントロールを重視するあまり、〝ダーツ投げ〟となり、投げるポイントが安定しなくなる。
イップスは克服できる！……155
■メジャー流36
イップスを克服するには、ひねる動作を体に覚え込ませることが重要。そのためには、バドミントンのラケットを使ったシャドウピッチングが一番おすすめ。

第5章 打つ・守る・走る
まだあまり知られていない最新野球理論

【打つ】
これが最先端！ 正しい打撃フォーム……162
■メジャー流37
バッティングの基本。それは〝全身を使って打つ〟こと。足から股関節、腰のひねり、肩、腕、ヒジ、手、そしてバットと、力が連動していくように基本を徹底して練習する。

鋭いスイングは骨盤の回転から生まれる……181

■メジャー流38
足を踏み込んでから軸足を内側にひねることによって、骨盤も連動して回り、打撃のパワーを生み出す。バランスボールを使った練習をすれば、このパワーをさらにアップできる。

簡単にできるドアスイングの矯正……182

■メジャー流39
正しいバットスイングは、グリップエンドからバットが出てくる。この動きをマスターするためには、インハイに目標物を置き、そこにグリップエンドをぶつける練習が有効。

［守る］

千本ノックの〝身になる〟やり方……186

■メジャー流40
非科学的な千本ノックを科学的かつ効果的に行うには、10〜20本刻みで休憩を入れながら行うのがベスト。「10本100セット=1000本」という感覚で練習をすればいい。

【走る】
盗塁の上手い選手は足のウラのバランスがいい……190
■メジャー流41
盗塁数が多いのは〝スタートダッシュ〟がいいから。その理由は足のバランスにあり、つま先とかかとに重心があるのが理想。現代人はかかとだけに重心のある人がとても多い。
足の指が地面を噛む力を高める
――タオルギャザー……193
■メジャー流42
かかとだけに重心のかかっている人は、足の指がうまく使えていない。そんな人たちには、足の指の動きをよくするために、タオルを足の指でたぐり寄せる練習がもっと効果的。
第6章 体の仕組みを理解しよう
子供の才能を開花させるために
メジャーとプロ野球
――アメリカと日本のスポーツ文化の違い……198

■メジャー流43
アメリカは小学校から大学までの間に、自分の能力を一番引き出せるスポーツに気付けるシステム。この教育法が、子供たちの運動神経をさらに発達させている。

幼少期はいろんなスポーツに取り組もう……201

■メジャー流44
日本の子供は、ひとつのスポーツがダメだと「すべて×」と評価されてしまう。一方、アメリカは「この種目がダメでも、こっちがある」と選択肢が次から次へと現れる。

運動神経が飛躍的に伸びる「ゴールデンエイジ」とは？……204

■メジャー流45
運動神経がもっとも発達する10歳前後の時期を「ゴールデンエイジ」と呼ぶ。この頃に思った通りに体を使える能力が伸びるので、さまざまなスポーツを経験させることが大切。

異なるスポーツを楽しむことで可能性が広がる……207

■メジャー流46
ゴールデンエイジの時期に取り組むスポーツの数は4種目が理想。ただ、複数の競技に取り組む場合、過密スケジュールにならないように注意することも大切。

中学生までは筋肉の鍛えすぎは絶対にダメ！……………209
■メジャー流47
小学生が激しい筋トレをすれば、筋肉に引っ張られることによって骨がめくれてしまう。小学生は軽い負荷のかかる程度のトレーニングでＯＫ。筋肉の鍛えすぎは絶対にダメ！
継続は力なり
――楽しく続けて才能を伸ばす「プレーニング理論」……………213
■メジャー流48
歯を食いしばって必死の形相でやるトレーニングよりも、遊び感覚で取り組めるトレーニング＝プレーニングのほうが長続きする。小学生の練習にはプレーニングを取り入れる。

スポーツ研究所から羽ばたいていったメジャー＆プロ野球選手たち……………215
■メジャー流49
「ひとりでも多くの選手を救いたい」「手術しなければならないような選手を決して出さない指導、教育を日本に広めなければならない」と思う指導者が全国に増えるのが理想。

身長を伸ばすには、バランスの取れた食事とゴロ寝……………217
■メジャー流50
身長を伸ばすには、何よりもバランスの取れた食事を心がける。そしてカルシウムを多めに摂取する。その上で、昼間は外で遊び、家にいる時はゴロゴロ。
これがおすすめ。

第7章 ケガをしない体作り
メジャー流トレーニングを実践

なぜ「インナーマッスル」を鍛えるのが大事なのか？……222
■メジャー流51
インナーマッスルは関節と関節をつなぎ合わせる役目をしている。インナーマッスルを強化することで関節の動きが正しく保たれ、ケガの防止にもつながる。

ケガをしない体作り
――チューブトレーニングとお風呂の中での簡単トレ……224
■メジャー流52
インナーマッスルを強化するためには、チューブトレーニングがもっとも有効。使用するチューブは、スポーツショップなどで販売されている一番軽い負荷のものでOK。

股関節を柔らかくしてメジャー級にパワーアップ！
――ヒップローテ・サイドステップ……229

■メジャー流53
投げる時も打つ時も、股関節のひねりが〝タメ〟を生み、体の速い回転を生み出すもととなる。そのために重要な股関節の柔軟性を「ヒップローテ・サイドステップ」で高める。

ケガの防止には風呂上りのストレッチが効果的……231
■メジャー流54
40度くらいのややぬる目のお湯に15分ほど浸かると、副交感神経の働きが高まり、体の筋肉も緩んだ状態になる。風呂上りにストレッチをするのはとても効果的。

ケガ予防！　家でできる簡単トレーニング……238
■メジャー流55
トレーニングジムに通わなくても、ケガを防止するための体作りはいくらでもできる。小学生は負荷の軽いものを何度も持ち上げたり、引っ張ったりすることが重要。

基礎体力を高める室内トレーニング……246
■メジャー流56
小学生にハードな筋力トレーニングはまったく必要ないが、基礎体力&柔軟性を高めて、体の成長をアシストしてくれる適度なトレーニングは、ぜひ取り入れてほしい。

第8章 現代の野球少年たちに必要な〝眼〟のトレーニング

今こそ、眼を鍛えよう

今の子供たちは〝視る力〟が衰えている……254
■メジャー流57
現代っ子たちは環境の変化から目でモノを捉える能力、空間の奥行きを目で認識する能力が劣っている。視る力を高めるには、「目の柔軟性」を高めるトレーニングが効果的。

目の柔軟性を高めるトレーニング……257
■メジャー流58
目の柔軟性を高めるには、壁に貼ったカレンダーと手に持ったカレンダーなどを交互に見て、素早くピントを合わせるという練習（3分間ほど）を毎日続けよう。

あちこちを瞬時に視る力を鍛える……258
■メジャー流59
眼球運動は、6本の外眼筋によって眼球がいろんな方向に動くことができるようになっている。動いているものを目で捉えるには、この筋肉が正しく機能しなければならない。
名選手は周辺視野が広い……261
■メジャー流60
周辺視野が広ければ広いほど、脳に入ってくる情報量は多くなるので、スポーツでも有利に働く。野球のみならず、スポーツ界で名選手と呼ばれる選手は周辺視野が広い。

おわりに……267

第1章

「野球が好き！」がすべての原動力

野球の楽しさの教え方

野球が上手くなるために一番必要なもの

「自分の子供を野球選手にしたい」

そう願う親がいたとします。その場合、まず親がなすべきことは何でしょうか？

毎日、毎日、子供に付き合い、野球の練習をすることでしょうか？

それとも子供を地域の強豪チームに入部させ、野球の英才教育を施《ほどこ》すことでしょうか？

答えはともに「ＮＯ」です。

何よりも先に親が子になすべきこと。

それは、

「子供に野球を好きになってもらう」

ことです。


「野球が好き」

この気持ちがあれば、辛いことも厳しい練習も、やがて訪れるであろう〝壁〟をも乗り越えていくことができます。

ここで、私が経験したいくつかのエピソードをご紹介したいと思います。

私が中学校3年生の時のことです。当時、南海ホークスのジュニアチームでピッチャーをしていた私は、幸運なことにボーイズリーグのオールジャパンのメンバーに選ばれました。

オールジャパンはアメリカに遠征し、約1カ月、ホームステイをしながら全米各地のチームと対戦を行いました。

ホームステイする先は対戦相手の選手の家が多かったのですが、試合後、どの家に行っても、アメリカの選手たちは「野球しようぜ」と私たちを誘ってきます。

普段から野球漬《づ》けになっていた私たち日本人選手は、「野球が終わったんだから、他のことして遊ぼうよ」と思うのですが、アメリカの選手たちは野球が終わっても、心の底から野球がしたいと思っている。要はアメリカの選手たちは〝自ら〟野球漬けになっていたのです。その根底にあるのは「野球が好き」という思いに他なりません。

私は昔から〝根性〟という言葉が嫌いでした。日本のスポーツ界の指導者たちは、選手がプレーでミスをすると「根性が足りないからだ」と決めつけます。

そこに根拠はまったくなく、「根性がない」「努力が足りない」のひと言で片付けられてしまう。私は「根性があれば体力も技術も高まっていく」という、日本スポーツ界の悪《あ》しき風潮に嫌気が差していました。

そんな時に出会ったアメリカの野球少年たちは、「野球が上手になるには何が一番大切か」を私に教えてくれました。

なぜアメリカの野球少年たちが、ここまで野球を好きになるのか、その理由はいくつかありますが、それに関しては第6章で詳しく述べたいと思います。

メジャー流 1

「野球が好き」という気持ちがあれば、辛いことも厳しい練習も、やがて訪れるであろう〝壁〟をも乗り越えていくことができる。

「野球が好き」がすべての原動力
——純粋なメジャーリーガーたち

アメリカの野球少年たちは無邪気に野球を楽しんでいましたが、ではメジャーリーガーたちはどうでしょうか？

1997年、私はその前々年まで千葉ロッテマリーンズの監督を務めていたボビー・バレンタインに請《こ》われ、海を渡り、彼が監督を務めていたニューヨーク・メッツのコンディショニングコーチとなりました。

そこで、私は「選手にとって、より高みを目指すには何が大切なのか」を知ることになります。

1997年のシーズン終盤。メッツはワイルドカード（プレーオフに進出するための追加枠）を巡って、他のチームと熾烈《しれつ》な争いを繰り広げていました。

シーズンの残り試合もあとわずか。

「このゲームに負けたら、メッツはプレーオフに進出できない」

そんな試合が何度か続いたある日の試合前、私はユニフォームに袖を通している自分が緊張していることに気付きました。

私はコンディショニングコーチですから、試合に出るわけではありません。それなのに緊迫した試合が何試合か続いた結果、私の心はその重圧に押しつぶされそうになっていたのです。

ところが、です。ロッカールームで他の選手たちの様子を伺うと、シーズン中とまったく変わらずみなリラックスしています。

当時、主力だったトッド・ハンドリーというキャッチャーに私は聞きました。

「何でみんな緊張しないの？」

するとトッドは私にこう言いました。

「何で緊張しなくちゃいけないんだ？　俺たちは19時になれば子供に戻れるっていうのに？」

要するにトッドは「大好きな野球が楽しめるのに、何で緊張しなくちゃいけないんだ？」ということを私に伝えたかったのでしょう。

私は自分の子供時代を振り返ってみました。近所の子供たちと空き地で野球をしている時は、「早く打席が回ってこないかな」「打球が一球でも多く飛んできますように」と思っていました。

ある日は憧れの江本孟紀投手を真似て投げ、またある日は野村克也選手や田淵幸一選手になりきって打つ。しかし、少年野球チームに所属するようになり、三振やエラーをして指導者から怒られるようになると、「打席に立つの、嫌だな」「打球が飛んでこなければいいいな」といったネガティブな感情が出てくるようになりました。

中学、高校でも私はミスの許されない環境で野球を続けていましたから、知らず知らずのうちにプレッシャーのかかる場面に出くわすとネガティブな感情にとらわれ、緊張を感じるようになってしまったのかもしれません。

メジャーリーグの選手たちは、生活のため、あるいは名誉のために野球をしている部分も当然あると思います。

でも、彼らの根底にあるのは「野球が好き」という純粋な気持ちです。彼らは心の底から野球が大好きだったからこそ、世界最高峰のメジャーリーグにまで上り詰めることができたのです。

子供たちに野球を好きになってもらいたいなら、三振しようが、エラーをしようが、それが積極的に動いた結果であるならば、まずは「がんばったね」と認めてあげることが大切です。

スポーツの種類は関係なく、「野球が好き」「サッカーが好き」と思うその気持ちが、継続する力となり、壁を乗り越える力となっていきます。

「○○が好き」という純粋な思いが、その選手を動かす原動力となるのです。

メジャー流 2

子供たちに野球を好きになってもらいたいなら、三振しようが、エラーをしようが、それが積極的に動いた結果であるならば、まずは「がんばったね」と認めてあげることが大切。

野球嫌いだった私が野球好きになったワケ

何事も「好き」という気持ちがなければ、長続きしませんし向上心も芽生《めば》えません。では、一体どうやったら〝野球好き〟な子供になるのか？　その最初の一歩はどうしたらいいのかを、私の経験なども交えてちょっとお話したいと思います。

私が野球を始めることになったきっかけ、というより「野球を好き」になったきっかけは、小学校2～3年生の頃に父親に連れて行かれたプロ野球観戦でした。

それまでの私は大のアニメ好きで、当時、関西では18～20時の間にいくつものアニメ番組が放映されており、私にとってはその時間帯が楽しみで仕方ありませんでした。

ところが、プロ野球のシーズンが始まると、18時から大好きなアニメが見られると思っていたのに、テレビ画面にはプロ野球選手が映っている。「本日は野球中継のため、アニメ放送を中止します」というテロップが流れ、アニメ好きの子供だった私からすれば「何だよプロ野球。ふざけんなよ」と思うわけです。当時の私にとって、プロ野球は「大好きなアニメを見られなくする憎き敵」でしかありませんでした。

私の父は野球が大好きでしたから、一日も早く私が野球というスポーツに興味を持てばいいと願っていたようです。

そんなある日、父は知り合いから、地元チームである南海ホークスvs太平洋クラブライオンズ戦のチケットをもらってきました。

父は私に「一緒に行こう」と言います。しかし、私はプロ野球が大嫌いでしたから、当然のことながらその誘いを最初は拒《こば》みました。

それでも父はしつこく「観にいこう」と誘ってきます。当時、私には欲しかった超合金のオモチャがあったので、「それを買ってくれるならいいよ」と交換条件を出したのですが、父からすんなりOKが出ました。こうやって私は初めてのプロ野球観戦に行くことになったのです。

カクテルライトに照らされたグラウンドは「きれいやな」と感じましたが、実際に試合が始まってみると、打った選手が必死にファーストに走ってアウト、次もファーストでアウトとなり、大の大人が何とも情けない顔をしてベンチに帰ってきます。

まるでリプレイのように、ファーストで繰り返しアウトになるのを見て、正直「これの何がおもろいの？」と9歳前後だった私は感じました。

この頃の南海ホークスは監督・キャッチャー・4番の野村克也さんがチームを仕切っていた時代です。

「おっさんが必死こいて走っているだけで、野球はつまらんスポーツやなぁ」

そう感じていた少年に、野球の素晴らしさを教えてくれたのは他でもない、パ・リーグの花形選手として活躍していた野村さんでした。

野村さんは試合に飽き始めていた私の前で、目の覚めるような当たりのホームランを打ったのです。

それまでは、おっさんたちが必死にファーストに走っていくところばかりを見せつけられていましたが、野村さんは誰よりも遠くへ打球を飛ばし、紙テープや紙吹雪が舞うグラウンドを悠々と一周し、ホームに還ってきました。スタンドにいた三万人の観客も一瞬にして総立ちです。

「かっこええ」

それまで、アニメのヒーローにしか興味のなかった私が、人間にかっこよさを感じた最初の瞬間でした。

「人間でもヒーローになれるんや」

試合後、超合金のプレゼントはそっちのけで、私は父にピッチャー用のグローブ（当時、ホークスのエースだった江本孟紀投手のモデル）をおねだりしていました。そこから私は、父の目論見《もくろみ》どおり、野球の世界にどっぷりとはまっていくことになるのです。

メジャー流 3

アニメのヒーローにしか興味のない子供も、「人間でもヒーローになれるんだ」と野球選手にかっこよさや憧れを感じた瞬間、野球を好きになるもの。

小学校低学年のうちは「野球の楽しさ」だけを教えればいい

学校が終われば、アニメ見たさでテレビにかじりついていた私ですが、南海ホークスの試合を観てからは近所の子供たちと毎日のように野球をするようになり、プロ野球を観るために、大阪球場にも足しげく通うようになりました。

当時の野村さんは監督兼任だったこともあり、試合の途中に代打などで出場することも多かったのですが、その登場の仕方がまたかっこよかったのを覚えています。

野村さんは、試合の采配《さいはい》はヘッドコーチだったドン・ブレイザーに任せ、自分はブルペンで中継ぎピッチャーの投球を受けていたりすることがよくありました。

そして試合の中盤、「ここで一発出れば逆転だ」という時に、野村さんがブルペンからプロテクターを外しながら出てくるわけです。

スタンドのファンは「おっ、野村が出てきた！」と大盛り上がりとなり、野村さんはそんな大歓声の中、審判に向かって「ピンチヒッター、俺」（と言っていたかどうかは定かではありませんが……）となる。そういったチャンスの場面で、野村さんはいつもファンの期待に応えるバッティングをしてくれました。野村さんは私にとって最初のヒーローであり、野球の素晴らしさを教えてくれた人でもあるのです。

私が野球好きになったのは父の目論見どおりと言えますが、私は父にとても感謝しています。

「野球が好き」という気持ちは、強い気持ち、折れない心にそのままつながります。それと同様に「あの人のようになりたい」という気持ちも、精神を強くし、技術や体力を向上させる力となります。

少なくとも、小学校低学年のうちは「野球は楽しい」ということだけを子供に教えていけばいいと思います。

それが結局のところ、その後の「強い心」「強靭な精神と肉体」を作っていくことにつながるのです。

メジャー流 4

「野球が好き」という気持ちは、強い気持ち、折れない心につながる。同様に「あの人

のようになりたい」という気持ちも、精神を強くし、技術や体力を向上させる力となる。

なぜイチロー選手はバッティングセンターに通ったのか?

メジャーリーグで活躍するイチロー選手は、「努力家」だとよく言われます。試合前の入念なストレッチに始まり、試合後の各種トレーニングまで、イチロー選手の活躍は「グラウンド外」で行われる陰の努力にあるといっていいでしょう。

イチロー選手が、なぜあそこまでストイックに努力できるのか?

それは、根性があるから、ないからといった問題ではないと思います。イチロー選手は純粋に「野球が好き」なだけ。多分彼は、世界で一番野球が好きなのかもしれません。だからこそ、誰も到達したことのない野球の境地を目指し、イチロー選手は孤高の戦いを続けているのです。

イチロー選手の子供時代の有名なエピソードに、「毎日、お父さんと一緒にバッティングセンターに通った」というものがあります。

1ゲーム25球で200円。イチロー選手は、それを毎日5ゲーム以上打ち込んでいたといいます。お父さんは、バッティングセンター代として毎月5万円を費やしていたそうです。

この話は野球好きの人にはすっかりおなじみのエピソードです。私も仕事柄、バッティングセンターにはよく行きますが、かつての「イチロー父子」のような親子連れを頻繁に見かけます。

中には、小学校低学年でまだバットもまともに振れないような子供が、後ろから見ている父親に「脇が開いている」「顎が上がっている」などと、細かいバッティングの指導を受けていたりもします。

父親が熱心にバッティング指導している子供の表情を見ると、大抵がつまらなそうな顔をしています。

きっとお父さんたちは「目指せイチロー」とばかりに、子供を応援しているのでしょう。でもその熱が高すぎて、逆に子供は冷めてしまっている。お父さんは、自分の時間やお小遣いを削って子供のために尽くしているのに、それが子供のためになっていないのですから、バッティングセンターで見かける親子連れの姿は、私にはとても悲しい光景に見えてしまうのです。

メジャー流 5

イチロー選手は純粋に「野球が好き」だからこそ、誰も到達したことのない野球の境地を目指し、孤高の戦いを続けている。

イチローになりたいなら ひとりでバッティングセンターに行け

例えば、自分の意思でお父さんにバッティングセンターに連れて行ってもらっているA君と、半ば強制的にお父さんにバッティングセンターに連れてこられているB君がいたとします。

A君もB君も100キロのボールを100球打ったとします。やったことはふたりとも一緒ですが、その効果の表れ方には天と地ほどの差があります。

A君は自分の意思で、楽しみながらバッティングをしているわけですから、1球目のスイングより100球目のスイングのほうがバランスよく、いい形でバットを振れているはずです。5球に1球しか当たらなかったのが3球に1球、2球に1球当たるようになった。ほとんど空振りしなくなった。だんだん狙ったところに打てるようになってきた。だんだん遠くに飛ばせるようになってきた。そうやって、振れば振るほどバッティングの形がよくなっていくわけです。

でも、B君には「やる気」も「楽しみ」もないので、1球目と100球目のスイングは一緒、もしくはスイングスピードは落ちていることでしょう。そうやって嫌な気持ちのままトレーニングを続けていると、効率の悪い動きがそのまま体に記憶されてしまいます。

つまり、嫌々練習をしていると「下手になる」のです。もしかしたらB君は学校の友達と野球がしたかったのかもしれませんし、サッカーをしたかったのかもしれない。そんなB君を強制的にバッティングセンターへ連れて行ったら、B君は間違いなく野球嫌いになってしまいます。

父親が熱くなるのは結構ですが、子供の可能性を閉ざすような導き方だけはしないようにしてほしいものです。

メジャー流 6

嫌な気持ちのままトレーニングを続けていると、効率の悪い動きがそのまま体に記憶されてしまう。つまり、嫌々練習をしていると「下手になる」といえる。

イチロー父子が教えてくれた「野球を好き」にさせるためのやり方

昔、イチロー選手に子供時代のバッティングセンターの話を直接聞いてみたことがあります。その際、彼は「自分の意思でバッティングセンターに通っていた。父にお願いして、連れて行ってもらっていた」と教えてくれました。

また、イチロー選手のお父さんにも、そのことを直接聞いてみたことがあります。それは、故・仰木彬《おおぎあきら》さんの野球殿堂入りをお祝いするパーティーの時のことでした。

近鉄、オリックスで名将としてご活躍された仰木さんだけに、会場には近鉄時代、オリックス時代の教え子が集《つど》い、そこにイチロー選手とお父さんの姿もありました。

そこで、私はお父さんに「イチロー選手は本当に自ら志願してバッティングセンターに通っていたのか？」「バッティングセンターでお父さんはイチロー選手にどのような指導をしていたのか？」を聞いてみました。

すると、イチロー選手のお父さんは「バッティングセンターへはあいつが行きたいというから、連れて行きました。立花さん、私ね、イチローに対してああ打て、こう打てと、〝野球が上手くなるための指導〟は一切しませんでしたよ」と言います。

「では、何の指導もしなかったんですか？」とさらに聞くと、「野球が上手くなるような努力はしませんでしたね。でも、イチローが〝野球好き〟になるような努力は父としていっぱいしました」と教えてくれたのです。


お父さんはイチロー選手が野球好きになるために、普段から名古屋球場（プロ野球）や甲子園（高校野球）などにイチロー選手をよく連れて行ったそうです。

イチロー選手も私と同じく、実在するヒーローを目の当たりにして「俺もあんなプレーがしたい」と思うようになり、野球にのめり込んでいったのです。

「俺もあの選手のようにかっこよく投げたい、打ちたい、捕りたい」

そこから「自分はこうなりたい」という気持ちが明確になり、自らすすんで練習もするようになります。

野球が上手くなるための入口で、もっとも必要なのは〝技術〟ではなく、「野球が好き」という気持ちです。そこを勘違いしてはいけないと思います。

子供に長く野球を続けてほしいのなら、野球を好きになるような環境を親が作り出せばいいのです。

すると子供は、自発的に「野球が上手くなるための努力」をするようになります。子供がそうなった時に、親はいろいろなサポートを子供にしてあげればいいのだと思います。

メジャー流 7

子供に長く野球を続けてほしいのなら、野球を好きになるような環境を親が作り出せばいい。すると子供は、自発的に「野球が上手くなるための努力」をするようになる。

第2章

「揺れない心」の育み方

ポジティブシンキングがなぜ大切なのか

〝勝ち〟を求めないキューバの少年野球に学ぶ

昔、とあるニュース番組の企画で、キューバの野球を取材したことがありました。最初に訪れたのは、少年野球のグラウンドでした。そこでは日本でいえば小学校低学年くらいの少年たちが練習していたのですが、その練習方法が実にユニークでした。バッティング練習で、右打ちの選手が右打席で打ったとします。その選手は2打席目は逆の打席（左打席）で打っていました。キューバにはスイッチ（両打ち）の強打者が多いですが、幼少期からこのような練習方法を用いているからこそ、選手個々の可能性が開かれていくのだと思います。

また、低学年の試合では、キャッチャーが通常の位置よりもだいぶ後ろに構えます。ピッチャーはそのキャッチャーに向かって、ワンバウンドでボールを投じます（図A）。キャッチャーは通常の位置よりかなり後ろに構えていますから、ピッチャーがノーバウンドで速い球を投げようとすれば、それはすべてショートバウンドとなり、キャッチャーはボールを捕れません。

キャッチャーを後ろに構えさせる理由、それはつまり「ピッチャーに速い球を投げさせない」ところにあります。

バッターのストライクゾーンを通り、なおかつ遠くに構えたキャッチャーにワンバウンドで捕りやすいボールを投げるには、その軌道を山なりにしなければなりません。

球審のいる位置はピッチャーの後ろです。そこからストライク、ボールを判断し、ファーストやセカンドのアウト、セーフもジャッジします。

「低学年向けによく考えられたルール、やり方だな」と、私は感心せずにはいられませんでした。

山なりで緩めのボールであれば、低学年の選手にも打ちやすいですし、何より、低学年のピッチャーの体に負担をかけずに済みます。

キューバの子供たちがのびのびと野球を楽しむ姿を見て、私は「日本の少年野球は〝勝

A

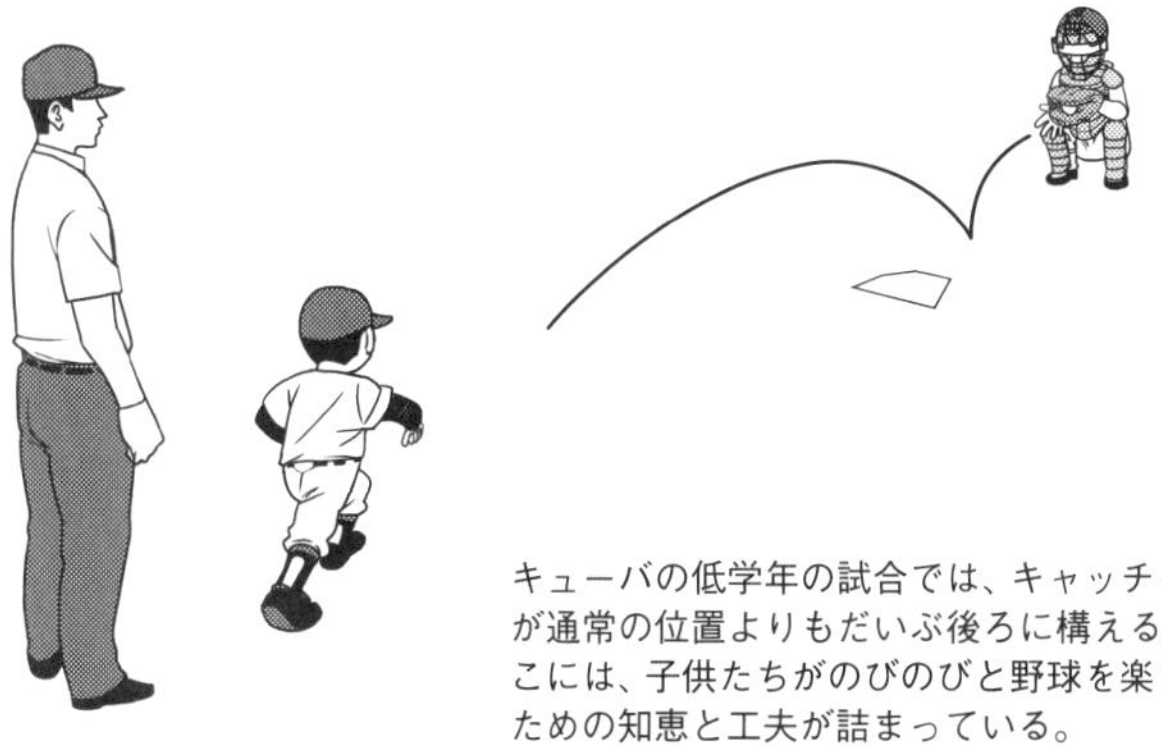

キューバの低学年の試合では、キャッチャーが通常の位置よりもだいぶ後ろに構える。そこには、子供たちがのびのびと野球を楽しむための知恵と工夫が詰まっている。

ち〟を求めすぎなのではないか?」と考えさせられました。

例えば、私が少年野球チームに所属していた頃は、試合の際に3球続けて空振りなどしようものなら、「もう下がっとけ!」と即選手交代です。

選手の中には、空振りを恐れるあまり、すっかり縮こまったバッティングになってしまう子供もいました。

しかし、キューバでは子供たちが何度空振りしても、コーチは「ナイススイング!」としか言いません。

そんな環境ですから、子供たちもスイングのスピードを決して緩めることなく、最後までフルスイングです。

10球に1球しかバットに当たらない選手でも、その当たりの素晴らしさといったら!

空振りの多い選手であっても、学年が上がっていくうちに5球に1球、3球に1球、2球に1球といった具合にヒッティングの確率も上がっていきます。

前回、2014年のメジャーリーグのオールスターには、ホセ・アブレイユ、アレクセイ・ラミレス(ともにホワイトソックス)、ヤシエル・プイグ(ドジャース)、ヨエニス・セスペデス(アスレチックス)、アロルディス・チャップマン(レッズ)など、5人のキューバ出身選手が選ばれました。

キューバの人口は約一千百万人ほどで、東京都の人口とあまり変わりません。それなのに世界的に活躍するアスリートが多いのは、少年野球の育成方針に代表されるように、〝勝ち〟を求めず、まずはそのスポーツを〝楽しませる〟という教育姿勢があるからだと思います。

メジャー流 8
キューバの少年野球は勝ちを求めない。選手が何度空振りしても、コーチは「ナイススイング！」としか言わない。のびのび野球の結果、規格外の選手がたくさん誕生する。

緊張との上手な付き合い方

「緊迫した場面でとても緊張してしまうのですが、どうしたら緊張しなくなりますか？」

そんな質問をよく受けます。

でも考えてみてください。そもそも〝緊張してはいけない〟ものなのでしょうか？

人間が緊張するのは、動物としての本能がそうさせています。サルから人間へと進化してきた過程の中で、人間は他の動物たちとともに、弱肉強食の世界の中で生きてきました。

人間が他の肉食動物に狙われることも当然あったでしょう。そんな時、人間は岩場や草木の影に身を潜め、危険が過ぎるのを待ったはずです。じっとしながら隠れている時、突然肉食獣が襲い掛かってくるようなことがあれば、瞬時に体を動かさなければなりません。

その際、心臓がバクバクすることによって（医学的には動悸《どうき》といいます）全身に血が巡り、体温が維持されますから、いざ肉食獣に見つかったとしても準備運動なしですぐに逃げることができたわけです。

緊張すると手の平に汗をかきますよね。例えば木登りをする時、手が多少湿った状況と乾いた状況ではどちらのほうが登りやすいでしょうか？　そう、当然のことながら手の平が乾いていれば滑りやすくなるので、ちょっと湿っているくらいが木登りには適しています。これも動物としての人間の進化のひとつです。

つまり、「緊張したくない」と緊張を避けるよりも、「緊張することは動物として当たり前」くらいの感覚を持って、緊張を受け止めるようにすればいいと思います。

人間が緊張するのは、言ってみれば「戦闘態勢に入った」ということの表れです。緊張を感じたら「ようし、戦う準備が整った！」と思うようにしてみたらどうでしょう。

よく一流のアスリートたちが、インタビューなどで「緊張を楽しめました」と話しているのを耳にします。

彼らはきっと、緊張するような場面に立ち会えたことに感謝し、そして戦闘態勢に入った自分を楽しんでいるのです。

緊張を「してはいけないもの」とネガティブに捉えるのではなく、「これで俺も戦える」とポジティブに捉える。そういう思考を持っているからこそ、一流アスリートたちは〝一流〟でいられるのだと思うのです。

メジャー流 9

緊張するのは人間として、動物として当たり前。一流のアスリートは「緊張したくない」と避けるのではなく、「ようし、戦う準備が整った」と緊張を受け止める。

メジャーリーガーは結果を考えず「常に全力」を意識する

ポジティブに物事を捉える、いわゆる「ポジティブシンキング」の重要性をもう少しご説明しましょう。

例えば、最終回2アウト満塁。一発ヒットが出れば逆転サヨナラ勝ちという場面で、あなたに打順が回ってきたとします。

三振すれば、もちろんその場でゲームセット。試合が終わってしまいます。このような場面で打順が回ってくれば、誰もが緊張するはずです。

この時、一番いけないのはネガティブな考え方を持ったまま、打席に入ってしまうことです。

「三振したらどうしよう」

「内野ゴロを打ったら負ける」

要は〝失敗〟を前提に打席に入ってしまうと、緊張を「戦闘態勢」にすることができず、ただ単に体がガチガチに硬くなった緊張のまま終わってしまいます。

メジャーリーガーにはポジティブシンキングの選手が多いのですが、彼らはこのような緊迫した場面で打席に入ると「ボールをよく見極めて、打てる球がきたらフルスイングする」ことだけに集中します。

「絶対に打ってやる！」とか「ホームランを打つ！」といった思考は、一見ポジティブシンキングのように感じますが、これも自分に変なプレッシャーをかけているだけで、本当のポジティブシンキングとは言えません。

先述した「ボールをよく見極めて、打てる球がきたらフルスイングする」という考え方は〝結果〟を意識していませんよね。結果を考えず、とにかくその一瞬に自分の力が発揮できるように集中する。

「こんな場面で打順が回ってくるなんて、俺って〝持ってる〟な」

「ここでサヨナラヒットを打ったら気持ちいいだろうな」

そんな考え方が出てくるようになれば、あなたは緊張を楽しめている証拠です。結果をあまり意識せずにその場を楽しむ。それが本当のポジティブシンキングなのです。

野球の試合が始まる時、審判は「プレイボール」とコールします。「プレイボール」とは、直訳すれば「ボールで遊ぶぞ!」ということです。

アメリカでは試合のことを「ゲーム（遊び）」と言います。練習でやったことを「試し合い」となります。日本語の「試合」も漢字をほぐせば「試し合い」となります。練習でやったことを「試し」、お互いに「試し合う」のが試合であり、ダメだったらまた練習して試合で試せばいいだけ。野球は〝遊び〟から始まり、試合はお互いに〝試し合いっこ〟をする場なのです。

そう考えれば、緊張もずいぶん薄まっていきませんか?

メジャー流 10

メジャーリーガーは「絶対に打つ」などと自分にプレッシャーをかけない。「打てる

球が来たらフルスイング」と、常に全力プレーだけを意識するのがメジャー流ポジティブシンキング。

練習のための練習から「勝つための練習」へ

試合前のピッチング練習ではいつも調子がいいのに、いざ試合でマウンドに上がると突然ストライクが入らなくなってしまう……。

そのようなピッチャーはアマチュア、プロを問わず、結構います。

「練習ではよくて、試合ではダメ」

そうなってしまう最大の理由は、普段の練習が「試合のため（勝つため）の練習」ではなく、「練習のための練習」になっているからです。

「練習のための練習」から「試合のための練習」に脱却《だっきゃく》するためには、何よりも「試合の臨場感」を練習で再現していくことです。

ピッチャーであれば、ブルペンでピッチング練習をする時にバッターを立たせてみる。これだけで試合の臨場感を味わえます。

バッターであれば、バッティング練習の時に自分で「最終回、2アウト満塁、ここでヒットを打てばサヨナラ勝ち」と緊迫した場面を想定して打席に入る。

野手であれば、守備練習の時に「ここでエラー、暴投をしたら逆転負け」と自分で想定するのです。

こういったことを日頃から繰り返している人と、そうでない人では、試合という〝本番〟で確実に差が表れます。

私がトレーニング指導を受け持っている立教大学では、バッティング練習の際に、神宮球場での公式戦の応援、歓声を録音した音声を流すことがあります。バッティング練習で応援団と観客の声援が大音量で流れれば、否《いや》が応《おう》でも気分が〝公式戦モード〟になります。

また、守備練習の際には、逆に対戦相手チームの応援、歓声を大音量で流すわけです。そうなると守備練習も〝公式戦モード〟となり、試合の臨場感と緊張感を保ちながら「試合のための練習」をすることができます。

メジャー流 11

練習のための練習をしていると試合には勝てない。試合で勝つ練習とは、ピッチングならバッターを立たせて投げるなど、日々の練習の中で試合の臨場感を取り入れることが大切。

練習ではいいのに試合ではダメなピッチャーの意識改革

話がちょっと逸《そ》れてしまいましたが、ピッチャーが試合でストライクが入らなくなってしまうのは肉体的、技術的な問題よりも、精神的な部分が原因の大半を占めていると思います。

私は社会人野球チームのトレーニング指導もしていますが、昔、こんなピッチャーがいました。

彼は150キロのストレートを投げる本格派で、大学時代は1年生の頃からドラフト候補となり、1~2年生の頃は公式戦にもよく登板していました。

しかし、ストレートは速いけれどもストライクが入らず、フォアボールが多いということで、3年生以降はリリーフに回ることが多くなりました。

リリーフに回ってもコントロールは一向によくならず、代わりっぱなの先頭打者にフォアボールを与えると、そこでピッチャー交代という使われ方をしたため、プレッシャーによってさらにコントロールを悪くするという悪循環に陥ってしまいました。

その後もコントロールはよくならず、結局念願のプロ野球からは声がかからず、彼は社会人野球チームに進みました。

入部早々、彼は先発で起用されることが決まりました。私は大学時代の彼を知っていたため、監督に「彼はコントロールを乱すことがありますが、フォアボールを連発したからといって、ピッチャーをすぐに代えるような使い方はしないでください」と助言し、さらにこう付け加えました。

「彼には『5回までに3点取られてもいい。3点までは交代もないから思い切り投げろ』と言ってあげてください」と。

すると彼はフォアボールのプレッシャーから解放されたのか、大学時代とは見違えるようなピッチングを度々見せるようになりました。

これは少年野球でも言えることだと思いますが、初回から「フォアボールを出すな」と言われたら、誰だって「フォアボールは出してはいけない」と硬くなります。

ストライクが入らないピッチャーがいたら、フォアボールを意識させるのではなく、「3回まで3点で抑えよう。それができればナイスピッチングだ」と視点を変えて、激励してあげればいいのです。

「3点で抑えればいいのか」と考え方を切り替えたピッチャーは、仮に先頭打者にフォアボールを与え、その後1点取られたとしても「まだ2点余裕がある」と気持ちを切り替えることができます。

練習でストライクは入るのに、試合でストライクが入らなくなるピッチャーには、とにかく〝フォアボール〟を意識させないことが重要です。

「勝たなければいけない」

「フォアボールを出してはいけない」

そんなプレッシャーから解放してあげることが、指導者が第一にするべきことだと言っていいでしょう。

メジャー流 12

試合で突如コントロールを乱すピッチャーは、精神的に余裕がない。そんな選手には「四球を出すな」ではなく「○点以内に抑えよう」と言う。四球を意識させないことが重要。

メジャー流、落ち込んだ時の切り替え方

重要な局面で相手チームに逆転を許すようなミスをした場合、大抵の人は「自分のミ

スのせいで……」と深く落ち込むと思います。

ミスをして落ち込むのはしょうがないことです。ミスをしてあっけらかんとしているようでは、その後の向上も望めません。ミスをし、「もう二度とこんなミスをしない」と練習に励むから人は向上していけるのです。

とはいえ、ミスをいつまでも引きずり、チームに悪影響を及ぼしてしまう選手もよく見かけます。

ベンチ内でひとりが暗く落ち込んでいれば、それは他の人にも伝わってベンチ全体の雰囲気が暗くなります。

プロ野球選手でも、その日だけならまだしも、翌日になってもまだ前日のミスを引きずって暗いままの選手がいました。こうなると、もうその選手だけの問題というわけにはいきません。

心理学的観点から言えば、ミスをして落ち込んでいる人への対処法は、その後すぐにそのミスを成功体験に変えてあげることです。

私がニューヨーク・メッツでコンディショニングコーチをしていた時、こんなことがありました。

ショートを守っていたレイ・オルドニェスという選手が、ショートゴロをエラーしました。この時、彼はダブルプレーを取りにいったのですが、ゴロとランナーが重なってボールが見えなくなり、エラーをしてしまったのです。

このエラーによってメッツは失点し、試合に負けました。ゲーム終了後、ベンチに戻ってきたレイはひどく落ち込んでいました。

それを見たコーチは、観客がスタンドからいなくなるとすぐにレイを呼んで、グラウンドでノックを始めました。

バットボーイにランナー役を頼み、先ほどと同じシチュエーションで何本も何本もノックを打ちます。

その年、レイはゴールドグラブ賞（守備力の優れている選手に贈られる賞。各リーグの各ポジションからひとりずつしか選ばれない）を受賞しましたから、守備力には相当の自信を持っていたのでしょう。だからこそ、エラーをした自分が許せず、落ち込んでいたのだと思います。

レイはゴールドグラブ賞を受賞するほどの選手です。基本的な守備力は文句なしに〝上手い〟わけです。当然のことながら、ゲーム後に行われたこのノックでも、レイはランナーと打球が被《かぶ》ってもほとんどエラーはしませんでした。

するとコーチがレイに言いました。「おまえがエラーしたのはたまたまだ。今だって普通に捕れてただろ。もう大丈夫。おまえは二度と同じようなエラーはしないよ」と。

レイの表情は、普段の明るい顔に戻っていました。このように、ミスをして落ち込んだ時は、そのミスをミスのまま終わらせず、成功体験として終わらせておくことが肝心です。失敗体験をそのままにせず、成功体験に切り替えてあげる。1回の失敗に対して、レイの受けたノックのように、50回ぐらいの成功をその場ですぐに経験させてあげるのです。

時間を置かず、数十回の成功体験で締めくくる。「鉄は熱いうちに打て」ではありませんが、落ち込んだ時の精神的な対処は時間を置かないことが大切なのです。

さらにもうひとつ、指導者や親御さんたちにお伝えしておきたいことがあります。選手がエラーをした際、それをひどく怒鳴りつけたりすると、それは「悪い記憶」として脳にインプットされ、同じような局面を迎えた時に「悪い記憶」がフラッシュバックして蘇るようになってしまいます。

逆にいいプレーをした時、それを大げさなくらいに褒めてあげると、それも同じような局面を迎えた時に「いい記憶」がフラッシュバックして蘇ります。

選手がミスをした時は、それを責めるのではなく、間髪いれずに成功体験として締めくくることができるように対処してあげてほしいと思います。

野村克也さんが「前後裁断《ぜんごさいだん》」という言葉をよく使っていました。これは前後を断ち切って、目の前の一球に集中する。ミスをしたとしても、それはその一瞬で終わらせ、引きずらないということを意味しています。

三振したのが悔しくて、守備についてもスイングの格好をして「ああすればよかった」「こうすればよかった」と引きずっている選手をたまに見かけますが、あんなことをしているから同じようなミスを何度も繰り返してしまうのです。

「前後裁断」

目の前の一球に集中すればするほど、切り替えも早くできる。この言葉も覚えておいて損はないと思います。

メジャー流 13

ミスをそのまま放っておくと、落ち込んだまま気持ちの切り替えができなくなる。エラーのようなミスをしたら、その後すぐにノックを何球も受け、ミスを成功体験に変えてしまう。

一流アスリートたちのポジティブシンキングに学ぶ

ちょっと想像してみてください。

最終回、2アウト満塁。ここで相手打線をしっかりと抑えれば、1点差で勝っているあなたのチームに勝利がもたらされます。

あなたは内野を守っています。エラーをすれば同点、もしくは逆転サヨナラ負けとなってしまう可能性もあります。

あなたはどんな気持ちで守備についていますか? 「俺のところに飛んでこい」と思っていますか? それとも「俺のところに飛んでこないでくれ」と思っているでしょうか?

こういった過度の重圧にさらされた時、調子の悪い人、あるいは守備の苦手な人は「俺のところに飛んでくるな」と思うかもしれません。

しかし、「俺のところに飛んでくるな」というネガティブな気持ちは、できる限り持たないほうが賢明です。

これはネガティブ症候群と呼ばれるもので、ネガティブな考え方を持つと、そのネガティブな事柄が実際に起きやすくなってしまうのです。

野球界では、「守備の交代をした人のところによく打球が飛んでいく」と言われます。実はこれ、日本に限った話ではなく、野球の盛んなアメリカ、キューバ、韓国でもそう言われています。

科学的にはまだ解明されていませんが、実際に統計上、守備を交代した選手のところに打球がよく飛ぶことは分かっています。

そして打球の飛んできた選手に「その時、どう思っていたか」を聞いたところ、9割以上の選手が「俺のところに飛んでくるな」と思っていたのです。

成功する人と失敗する人。それを科学的に調べた実験があります。

人間を大きく分類すると、ポジティブな考えで行動を取る人と、ネガティブな考えで行動を取る人とのふたつに分かれるといい、成功者のほとんどはポジティブ派なのだそうです。

例えば、「1分間、ゾウのことを考えてはいけませんよ」と言われたら、あなたはゾウのことを考えずにいられますか？

ある研究によると、世界のトップアスリートたちは「ゾウのことを考えるな」と言われたら、考えない人のほうが圧倒的に多かったといいます。

一流のアスリートたちに「なぜ、ゾウのことを考えないでいられたの?」と聞くと、そのほとんどが、「『ゾウのことを考えるな』と言われたから、キリンのことを考えていました」とか「欲しい車のことを考えていました」と答えました。

つまり、彼らは「○○を考えない」というネガティブ思考にとらわれることなく、「だったら○○を考えよう」とポジティブ思考に切り替えていたのです。

彼らが一流でいられるのは、常にこういったポジティブ思考に切り替えられる力を発揮しているからなのです。

メジャー流 14

一流のアスリートたちは「○○しない」というネガティブ思考にはならず、「だったら○○しよう」とポジティブ思考に切り替えてから物事を考え、実行する習慣がある。

第3章

最新コーチング理論

選手のやる気を引き出すのがいい指導者

指導者にこそポジティブシンキングが重要

「○○しよう」がポジティブな考えで、「○○するな」はネガティブな考えです。

ポジティブシンキングによって積極的なモノの捉え方、考え方のできる人は、必ず「なりたい自分」や「やりたいこと」を持っています。

ポジティブな人が、いつも「○○しよう」「○○のようになりたい」という気持ちで行動を起こすのに対し、ネガティブシンキングの人は「なりたくない自分」をいつも先に考えてしまいます。

「○○したくない」

「○○のようにはなりたくない」

「○○してはダメだ」

ネガティブな人は、このようについつい否定的に物事を考えてしまうのです。

ネガティブさというものは、ポジティブさより人から人へ伝わる力がとても強いです。

チーム内にネガティブな考え方をする人がいれば、それは徐々に人から人へと伝わっていき、やがてポジティブな人までネガティブな考え方になってしまいます。

そしてこれは意外に知られていないのですが、監督やコーチといった指導者がチーム内にネガティブな思考を広めていることが多いので、チームを勝利に導きたいのであれば、指導者の方々には十分に気をつけていただきたいと思います。

それではここで、指導者が思わず言ってしまいがちな「ネガティブな指示」をいくつかご説明しましょう。

これは、実際にあったプロ野球の話です。

相手チームのエースピッチャーは速球派で、自チームの打線は高目の速球に手を出し、空振り三振をしたり、ポップフライを打ち上げたりと、いつもいいように手玉に取られていました。

業《ごう》を煮《に》やした監督は、このエースピッチャーと対戦したある日、チームの選手たちに言いました。

「おまえらいいか、高目のボールには絶対に手を出すな」

監督が明確な指示を出したものの、選手たちは相変わらず高目のボールを振りにいったり、止めたバットに当てて凡打にしたりと同じようなことを繰り返しています。

それを見ていた監督は、烈火《れっか》のごとく怒り始めました。

「おまえら、俺の言うことが聞けないのか！　高目には手を出すなって言ってるだろ！」

すると今度は、凡打ではなく、見逃し三振が増えていきました。

これは、「○○するな」というネガティブな指示を、さらに強めた結果だと考えられます。選手たちの中から積極性が失われ、消極的になった結果、バットが振れなくなり、見逃し三振が増えてしまったのです。

私の研究結果でも出ているのですが、バッターに「○○するな」と指示した時と、「○○していこう」と指示した時のスイングスピードは、「○○していこう」のほうが力みが抜けている分、1・25倍も速くなることが分かっています。

では、先述した監督はどのように選手たちに指示すればよかったのでしょうか。

当然、指導者は選手たちに対して「○○していこう」というポジティブな言い方にしなければいけませんから、この場合だとこうなります。

「ベルトから下の低目のゾーンを積極的に狙っていこう」

そしてさらに、これよりも選手たちにとってもっといい言い方があります。

その言い方に関しては次項でご説明したいと思います。

メジャー流 15

打者に「○○するな」と指示した時と、「○○していこう」と指示した時のスイングスピードは、後者のほうが1・25倍も速くなる。指導者は常に「○○していこう」と

言うべし。

名将ボビー・バレンタイン流
——コマンドからミッション、パッションへ

高目のストレートのキレが抜群のピッチャーを攻略するにあたって、指導者が選手たちに言うべきは「高目を打つな」というネガティブな指示ではなく、「低目を狙っていこう」というポジティブな指示です。

ただ、この「低目を狙え」という正解よりも、選手たちにとってもっといい指示の出し方があります。

それは、「○○しよう」という指示に、「なぜそうするのか?」という明確な理由を付けて説明してあげるのです。

そうすることで、ただのコマンド（命令）だった「○○しろ」が動機付けによってミッション（与えられた任務）となります。そして、そのミッションをみんなで推し進めることによってそこにパッション（情熱）が生まれ、いろんな工夫や知恵が出てきます。

これは、コーチングの世界で推奨されている考え方で、「コマンドからミッション、

ミッションからパッションへ」と導くやり方が、選手にとって一番よい指示の出し方だとされています。

今回のバッターへの指示の出し方をよりよくするのであれば、数値化されたデータなどを選手たちに示しながら指示を出せばいいと思います。

私が千葉ロッテマリーンズとニューヨーク・メッツで一緒に仕事をしたボビー・バレンタイン監督は、選手をやる気にさせる指示を出すのがとても上手な人でした。

彼は、自チームの選手たちに「高目のボールには手を出すな」などとは絶対に言いません。

その代わり、先述したコマンドをミッションに、ミッションをパッションにするための理由やデータをミーティングで選手たちに示します。

ボビーはいつも、こんな風に選手たちに説明していました。

「みんな、スコアラーのまとめてくれたこのデータを見てくれ。今日の相手ピッチャーに対して、今シーズンのうちのバッターは高目をほとんど打てていない。打率は2割を切っている。でも、この低目を見てくれ。低目は2割5分と高目より圧倒的に打率がいい。しかも長打率も結構高い。今日はチーム一丸となって、ベルトより低目のボールを狙っていこう！」

「低目を狙え」というのは単なるコマンドです。そこに理由を加えてあげることで、コマンドはミッションへと変わり、チーム一丸となってミッションに取り組むことでミッションがパッションへと変わっていくのです。

指導者の方々には、ぜひこの指示の出し方を取り入れていただきたいと思います。

メジャー流 16

「○○しろ」というただのコマンドも、動機付けによってミッションとなり、さらにチーム全体で取り組むことによってそこにパッションが生まれ、いろんな工夫や知恵が出てくる。

「○○するな」は動きも悪くする

「○○するな」というネガティブな指示の出し方が、選手の動きを悪くすることをさらに論証すべく、私はこんな実験をしたことがあります。

少年野球の選手10名を集めて、守備練習をしてもらいました。

ノッカー役は、14〜15mほど離れたところ（サードの定位置あたり）にいる選手たちに手投げでボールを転がします。選手はひとりずつ、そのボールをキャッチし、ファーストに送球する。ノッカーと選手の距離も、打球の方向も、スピードも全選手ほぼ同じという単調な練習です（図ＡＢ）。

その初日。選手たちに、

「絶対、後ろに下がるなよ」

「顎を上げて捕るなよ」

「エラーするなよ」

と「○○するな」というネガティブな指示を出しまくりました。ダメ押しに「エラーしたら明日の試合に出さないからな」とも付け加えます。

日本では昔から、精神的に強くするためといって、とにかく選手たちにストレスをかけまくり、それに耐えさせるという手法が取られます。

「○○するな」に加えて「試合に出さないぞ」という〝罰〟のある練習。それが日本のスポーツ界の悪しき風習ともいえます。

また、別の日。

同じ選手たちを集めて今度はこう言いました。

「右投げの人は左足の内側でボールを捕ってね」

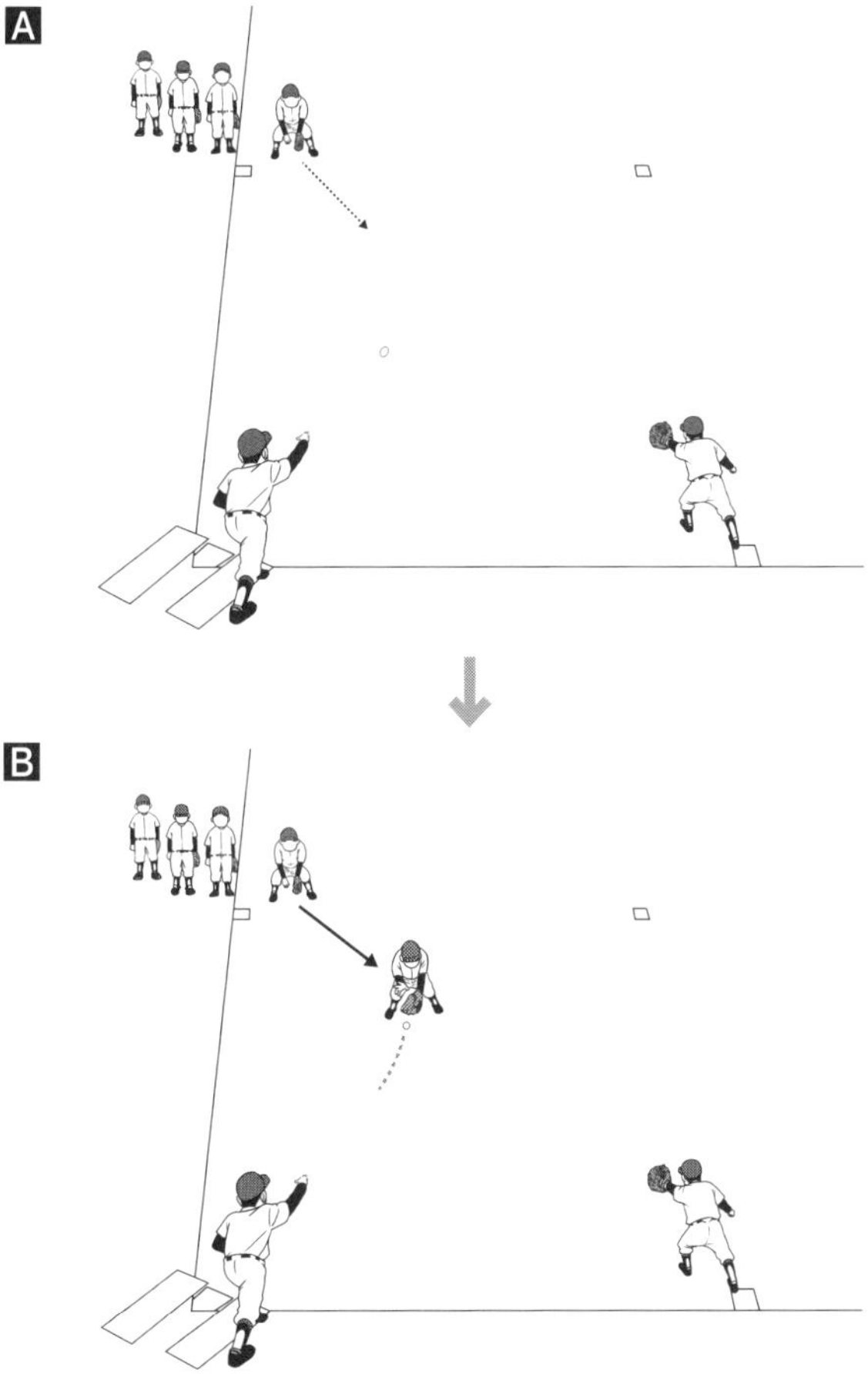

「〜するなよ！」というネガティブな指示と、「〜だから、〜しよう！」というポジティブな指示とでは、ゴロ捕球での歩数や歩幅などの積極性がまるっきり変わってくる。

さらにその後に、「なぜならば」と理由をちゃんと付け加えます。

「コーチの言っていることと逆のことをやってみよう。ボールを転がすから、左足の外側でボールを捕ってみて」と言って実際にそれをやらせました。選手は当然「捕りづらい」と答えます。

「そうだろ。左足の内側でボールを捕ったほうが捕りやすいし、その後の投げる動作にも移りやすい。だから左足の内側でボールを捕るんだよ」

さらに「僕は長年プロ野球の世界でコーチをやっているけれども、プロになるような選手はキミたちくらいの年代の時から思い切ってプレーし、何回も失敗して上手くなったんだよ。だからキミたちもどんどん失敗してくれ。それが成功への近道だから。とにかくチャレンジしようぜ」という言葉をかけ、選手たちの積極性を引き出します。

選手たちにこれらをしっかりと伝えてから、前回とまったく同じパターンで守備練習を始めました。

私たち研究班は、選手たちの何を見ていたと思いますか？

正規捕球数？　それともエラーの数でしょうか？

どちらも違います。私たちが調べていたのは「選手たちの歩数と歩幅」です。

選手たちの守備練習の様子を後ろから撮影し、後日、両日の選手たちの捕球するまでの歩幅と歩数を比較してみました。

すると、なんと2回目の実験のほうが1回目より選手たちの歩数が2歩多く、歩幅も広がっていることが分かりました。

歩数、歩幅ともに多くて広いため、2回目の選手たちの守備範囲は、必然的に1回目よりも広くなっていきます。

つまり、2回目の守備練習のほうが、選手たちはゴロを前で処理してファーストに送球していたのです。

守備範囲が広がり、より前で打球をさばけるということは、それだけアウトにできる可能性が高まるということを意味しています。

1回目と2回目の守備練習を比べ、どちらのほうが選手たちの潜在能力を伸ばし、技術と体力を向上させられるでしょうか。

ここまで来ると、もう私が説明するまでもありませんね。

選手たちを伸ばしたいと願うなら、2回目の守備練習のように選手の積極性を引き出していかなければなりません。

「○○するな」ばかりで選手を否定し、さらには罰を与えるようなやり方では、選手は決して伸びていかないのです。

メジャー流17

「○○するな」と選手を否定し、さらに罰を与えるようなやり方では選手の守備範囲が狭くなる。守備範囲を広くするには「○○しようぜ」と選手の積極性を引き出していく。

最新のコーチング術で選手のやる気を引き出す

スポーツのコーチングは、時代とともにそのやり方、内容が移り変わってきました。その中でも「選手に質問する」というやり方は時代という枠を超越した、もっとも大事なコーチングのひとつだと私は考えています。

基本的に選手たちは、指導者から言われたことを実行するという〝受け身〟の姿勢で練習を行っています。そこに選手たちの自発性、積極性を引き出す「質問する」というやり方を交えるわけです。

最初のうちは、選手たちに質問してもあまりいい答えは返ってこないと思います。ミーティング中にキャプテンに質問し、その後順番に他の選手に質問しても、答えはみなキャプテンと同じ、というようなこともよくあることです。

それでも根気よく、毎回質問を続けていると、「監督とミーティングするといつも質問される」と、選手全員が意識するようになります。

そういう風に選手たちに思ってもらえればしめたもので、だんだんといい答えが返ってくるようになります。

受け身だった選手たちが、「自分はどうしたらいいのか?」「何をすべきか?」を自発的に考えるようになるのです。

これは近年、注目されているコーチング術で、「質問し、気付き、気付かせ、提案する」というやり方です。

選手にまず質問し、相手の考えていることが分かったら、何が問題なのか、やるべきことは何なのかに気付いてもらうような会話をし、指導者がもし問題点を改善するための方法を知っているのであれば、それを提案してあげるのです。

命令されてから実行する時の集中力より、自発的に「やりたい」「こうすべきだ」と思って行う時の集中力のほうが、圧倒的に高いことは言うまでもありません。

選手に気付いてもらうためには、指導者が腹をくくり、長期戦になることも覚悟する必要があります。

選手が気付かないからといって、「だったら、こういう練習をすれば?」と言ってしまったら元も子もありません。

最終的には誘導尋問的な表現になってしまってもいいですから、「だったら、僕はこんな練習をやったらいいんでしょうか」と選手に言わせるのです。

そこで、指導者は「おまえ、よく考えたな。俺もおまえの立場だったら、絶対にそうするよ」とそれを認めてあげる。選手は自分で決めたことですから、その練習を高い集中力を持って実践していくはずです。

メジャー流 18

選手にまず質問し、何が問題なのか、やるべきことは何なのかに気付いてもらう。その上で指導者は問題を改善するための方法を提案する。これが近年注目されているコーチング術。

共感すれば選手はやる気に
――会話のコツは〝ミラーリング〟

会話中、選手に気付いてもらうための、おすすめのテクニックがあります。

それは〝ミラーリング〟といって、相手の言っていることをほぼそのまま、真似をして返すのです（言ってみればオウム返しのようなもの）。

同じ言葉を返し、そこに自分の感情もちょっと付け加える。

例えば、選手が「走り込みもとても大切な練習だと思うんです」と言ったら「うん、走り込みは俺もとても大切な練習方法だと昔から思っているよ」と返してあげる。

このように、ミラーリングの会話を繰り返していくと、選手は「この人は今、自分と同じことを感じてくれている」「共感してくれている」という安心感とともに、信頼感も抱くようになります。

そうなると選手は指導者に対し、どんどん素直になっていきます。本音の会話も交わせるようになり、選手と指導者の距離も近づいていきます。選手はより自発的になり、練習にも積極的に取り組むようになるでしょう。

全国各地で講演をする度に思うのですが、ここまでご説明してきたようなコーチングが、日本ではなかなか広がっていってくれません。

なぜなら、相変わらず昔ながらの「○○しておけ」「はい、分かりました」「○○するな」「はい、分かりました」という〝命令・絶対服従型〟のコーチングが、日本中のあちこちで行われているからです。

私はスポーツコンディショニングとコーチングを学ぶために、アメリカやヨーロッパをはじめ、いろんな国を訪ねました。

「日本のスポーツ医科学は遅れている」とよく言われますが、私はその分野が他国より劣っているとはまったく思いません。

しかし、残念ながら日本は、「選手たちをやる気にさせる科学」がかなり遅れています。

「なぜ、それをするのか？」を選手に説明せず、「これをやっておけ」「あれをやっておけ」だけで済ませているのが日本のコーチングの現状です。

「なぜ、その練習をするのか？」をきちんと説明し、選手たちを納得させた上で自分たちから「この練習をしたい」「このトレーニングをしなければ」と思わせなければ、選手たちの技術も体力も向上しません。

一番大切なのは、「選手たちを従わせる」ことではなく「選手たちをやる気にさせる」ことなのです。

メジャー流 19

相手の言っていることを真似して返すミラーリング。これを選手に対して行うと、選手は安心感とともに信頼感も抱き、練習にも積極的に取り組むようになる。

選手のやる気を上手に引き出すのがいい指導者

野球を「楽しむ」ということは、「ふざける」のとは違います。小学生がプレーする少年野球において、指導者の方々はこの線引きに苦労されていることと思います。チームの規律、決まりをしっかりと守らせつつ、礼儀を重んじ、グラウンドに出たら思いっ切り、全力プレーで野球を楽しむ。それを徹底していくことが何より大切なことではないでしょうか。

試合では、積極的にプレーした末のミスであれば、「全力プレーOK」「一生懸命やったんだから、ミスしてもいいんだぞ」と指導者が声をかけてあげる。

選手たちはそういったことを繰り返すことで、野球の楽しさを知ると同時に、全力プレーの大切さを理解していきます。

「思いっ切りやったんなら、俺は一切文句を言わないから楽しんでこい」

要は、指導者がそこまでの懐の広さを、見せられるかどうかにかかっているのです。

三球三振でも、その三球ともにフルスイングしたのであれば、監督は「グッド・ジョブ！」と選手を褒めてあげるべきです。

野茂英雄投手やイチロー選手を育てた名監督として知られる、仰木彬さんの話をここでちょっと紹介したいと思います。

仰木さんは、私が近鉄バファローズで、日本初のコンディショニングコーチに就任した時の監督さんでもあります。

仰木さんは選手の自発性、積極性を促す術に非常に長《た》けた指導者でした。選手の〝やる気〟を引き出すのが本当に上手い。

野茂英雄、イチロー、吉井理人、長谷川滋利、田口壮、中村紀洋。これらの選手は仰木さんの教え子であり、メジャーに挑戦した選手たちです。

仰木さんの元を巣立ち、海を渡っていったこれらの選手たちの顔ぶれを見ても、その名監督ぶりがよく分かります。


近鉄のコンディショニングコーチ就任三年目。中村紀洋選手がその豪快なバッティングで、にわかに脚光を浴び始めた頃のことです。

とある試合で、中村選手は追い込まれてからの難しいアウトローの球にちょこんとバットを合わせ、ライト前ヒットを打ちました。私はそれを見て、「豪快なだけじゃなく、ああいう小技もできるんだな」と感心していました。

すると、ベンチにいた仰木さんは、チェンジとなって塁から戻ってきた中村選手に対して、「誰がそんなしょうもないバッティングをせえと言った！　もっとひっくり返るぐらいのスイングをせんか！」と烈火のごとく怒り始めました。

ヒットを打って（しかも巧打）、怒られた選手を見たのは、後にも先にもあの時だけです。

メジャー流 20

積極的にプレーした末のミスであれば、「全力プレーＯＫ」と指導者が声をかける。それを繰り返すことで、選手は野球の楽しさを知ると同時に、全力プレーの大切さを理解する。

仰木彬監督は選手のやる気を引き出す名人だった

こんなこともありました。

中村選手が怒鳴られた一件からしばらく経ったある日、彼が足を痛めました。私は彼の様子から「足に何か問題があるな」と感じていたのですが、仰木監督はまだ気付いていません。

それなのに、中村選手は仰木監督のいる前で、私に対して「立花さん、足が痛くて走れないんですけど、何とかならないですか？」と聞いてきました。

「アホ、何で監督の前でそんなこと……。二軍落ち確定や……」。私は心の中でそう思いました。

すると、仰木監督は私たちのほうに振り返りひと言、こう言いました。

「ノリ、ホームランを打ったら、走らんでええやん」

なかなか、このような気の利いた言葉を日本人は発することができませんが、仰木監督は実に巧みに、そういった言葉を会話のはしばしに絡めてきます。

実際、中村選手はその試合でホームランを放ちました。

選手の適性を見抜き、それにふさわしい言葉をかける。仰木監督は日本プロ野球史上でも稀な〝名伯楽〟だったと思います。

中村選手がブレークした頃の監督が仰木さんだったからこそ、中村選手の全球ホームラン狙いというあの豪快なバッティングが生まれたのです。

トルネード投法で一世を風靡《ふうび》した野茂投手のピッチングフォーム、さらに40歳を超えてなお、メジャーリーガーとして活躍を続けるイチロー選手のバッティングフォーム。ふたりのフォームが、それぞれ特殊であることは、みなさんもよくご存知でしょう。

ふたりのフォームは、仰木さんが監督でなければ、確実に「直せ」と言われるフォームでした。

入団したばかりの野茂投手のフォームを見たピッチングコーチは、「社会人では通用したかもしれんが、あのフォームではプロの世界で1シーズンは絶対に持たない」と断言しました。

それ以外にも、野茂投手のフォームを変えようとする声が、あちこちから聞こえてきます。

すると、仰木さんはコンディショニングコーチだった私を呼びつけて「野茂はあのフォームでドラフト1位を勝ち取ったんやから、あのままでいく。ただ、あれだけ体をひねるということは負担も相当あるはずだから、立花、野茂のメンテナンスをしっかり頼むぞ」と言ったのです。

イチロー選手は、他の指導者からさんざんバッティングフォームの改造を指示され、それを頑《かたく》なに拒《こば》み、そのため日の当たらない二軍生活を続けていました。

そんなイチロー選手を、「そのままでええから」と一軍に引き上げたのが、オリックス・ブルーウェーブ監督に就任した仰木さんでした。

その後、イチロー選手は実力を開花させ、日本記録を次々と塗り替え、メジャーへと旅立っていきました。

仰木チルドレンの活躍を見れば、指導者が選手のやる気、積極性を引き出すことがいかに大切か、よくお分かりいただけるでしょう。

とくに少年野球は、勝利至上主義に走ることなく、〝勝ち〟よりも前に〝野球の楽しさ〟を求めて指導していただきたいと思います。それが、結果として日本の野球界全体のレベルアップにつながるのだと、私は信じています。

メジャー流21

選手の適性を見抜き、それにふさわしい言葉をかける。仰木監督はその名人だった。足が痛くて走れないという中村紀洋選手に「ホームラン打ったら、走らんでええやん」と言った。

怒鳴る前にまず教えてあげてほしいこと

少年野球の練習風景を見ていると、たまに怒ってばかりの指導者を見かけることがあります。

かつて、その光景を初めて目にしたボビー・バレンタイン監督は、私に「日本の少年野球は、マフィアが教えているのか？」と言ったほどです。

ひと昔前に比べれば、確かにその数は減ってきていますが、残念ながら〝怒鳴り続ける指導者〟は今も存在します。

少年野球でも、小学校高学年の選手には「勝つためには厳しい練習も必要」だということや、礼儀作法の重要性を説いていくことはとても大切だと思います。

しかし、怒鳴り続けていたら選手たちは萎縮《いしゅく》してしまいますし、小学校低学年の選手たちに「厳しい練習」を強いたり、「礼儀作法」を必要以上に教え込むのは早すぎます。

そして何より、それ以前に教えなければならない大切なことがあります。

小学校低学年の選手たちに、まず教えなければならないこと。本書で繰り返し述べていますが、それは「野球は楽しい」ということに他なりません。

低学年の選手たちには、練習の中で「野球って本当に楽しい遊びなんだな」ということを実感させてあげてください。

「野球は楽しい」と思った選手は、野球のことがどんどん好きになります。

「好きこそものの上手なれ」。私たちが目指さなければならないのは、そこです。

小学生のうちに、「野球が好き」と思ってもらうことがなぜ大切なのか？

中学、高校と上の野球に進んでいけば、どんな選手にも必ず〝壁〟が目の前に現れます。その時、〝壁〟を越える原動力となるのが「野球が好き」という熱い気持ちです。

私は〝根性〟という言葉が好きではありませんが、根性の源があるとすれば、間違いなくそれは「野球が好き」という気持ちだと思います。

メジャー流 22

怒鳴ってばかりでは、選手は萎縮してしまうだけでなく、野球を嫌いになってしまう。小学校低学年の選手にはとにかく「野球は楽しい」ということを第一に教える。

〝怒る〟と〝叱る〟は違う

小学校高学年の選手たちには、それにプラスして「世の中にはルールがある」ということを、しっかりと認識させることも重要な要素となってきます。

野球のルールを守る、チームの決まりを守る、さらにウォーミングアップをちゃんとする、キャッチボールを丁寧に行うなど、「楽しい」と「ふざける」は違うことをしっかりと教えていくのです。

そうやって規律や決まりを守らせようとすれば、当然のことながら「叱る」場面も多々出てくると思います。

そこで指導者の方々に覚えておいていただきたい姿勢。それは、選手たちを「叱る」のであって「怒る」のではないということです。

「怒る」という行為は、カラオケボックスで熱唱しているのと一緒で、その人がストレスを発散しているだけに過ぎません。

しかし、「叱る」という行為には、相手をいい方向に導くための愛情や情熱が含まれています。

「怒る」行為に未来はありませんが、「叱る」行為には選手たちの未来がしっかりと含まれているのです。

メジャー流 23

指導者は怒るのではなく、叱る。「怒る」という行為は、ストレスを発散しているだけ。しかし、「叱る」という行為には、相手をいい方向に導くための愛情や情熱が含まれている。

厳しい褒め方、優しい叱り方

さらに、「褒める時」の姿勢と「叱る時」の姿勢で、気をつけなければいけないことがあります。この注意点を守ることによって、「褒める」「叱る」の効果はよりアップしますから、ぜひ実践していただきたいと思います。

みなさんは小学校の頃よく遊んだ場所に、大人になってから行ったことがありますか？

行ったことのある方々は、きっとこう思ったはずです。

「うわ、この公園、こんなに狭かったっけ？」

「えっ、この門、こんなに小さかったっけ？」

子供の視線は、あらゆるものが〝大きく〟見えるものです。それを前提にこれから「褒める時」と「叱る時」の注意点を説明します。

まず、子供を叱る時。この時は選手と同じ目線になるよう、椅子などに腰をかけた状態で、しかもヒザを突き合わせて会話してください（指導者は大股開きで椅子に座るのではなく、ヒザをクロースして、かしこまった体勢で選手と向き合うように・次ページ図A）。

たまに相手のヒザに手をやってスキンシップを取りながら、「何がいけなかったのか」「どうしなければならないのか」を順序立ててしっかりと説明してあげるのです。

叱る時は、指導者が立った状態で上から言われると、子供はそれだけで威圧感を感じ、怖くなり、その場から逃げたくてしょうがない気持ちになってしまいます。そんな精神状態の選手を叱りつけても、何も選手の身になりません。

叱った内容をしっかりと覚えておいてほしいなら、あくまでも目線を子供と同じ高さで、ヒザをクローズし、スキンシップを取りながら。これが叱る時の鉄則です。

逆に、選手を褒める時は大股開きで椅子に座っても構いません。さらに選手は立たせた状態で褒めます（次ページ図B）。

人は、どうしても褒められると調子に乗ってしまいますし、若ければ若いほどそれが顕著に表れます。

ですから「褒めるけれども、あまり調子に乗るなよ」というメッセージを込めて、ヒザをオープンにして座って、相手に多少の威圧を与えるわけです。

A

子供を叱る時は、選手と
同じ目線になるよう椅子
などに腰をかけた状態で、
しかもヒザを突き合わせ
て会話をする。指導者は
ヒザをクローズして、か
しこまった体勢で選手と
向き合う。

B

子供を褒める時は、選手
は立たせた状態で、指導
者は大股開きで椅子に座
っても構わない。「褒め
るけれども、あまり調子
に乗るなよ」というメッ
セージを込めて、相手に
多少の威圧をかける。

さらに選手は立っていることによって、筋肉の緊張した状態が保たれます。緊張感を持たせた状態で徹底的に褒める。こうすることで、「調子に乗らず、引き締めるところは引き締めろよ」という隠れたメッセージを送ることができるのです。

ヒザは、叱る時はクローズ、褒める時はオープンで。これもコーチングのひとつのテクニックですから、ぜひ覚えておいていただきたいと思います。

メジャー流 24

叱る時は選手を威圧することなく、なるべく目線を合わせて語り合うようにする。逆に褒める時は多少相手に威圧を与え、「褒めるけど調子に乗るなよ」というメッセージを込める。

［コーチングコラム　その❶］

三食ちゃんと食べれば野球が上手くなる、体が大きくなる！

車は燃料がなければ走ることができないのと同様に、人間も燃料を補給しなければ体は機能しませんし、成長もしません。

人間にとっての燃料補給とは、「食べる」ことです。とくに小・中学生くらいの子供は体が日々成長しますから、大人よりも「食べる」ことが重要になってきます。

「食」という漢字をよく見てみてください。「人」を「良」くすると書いて「食」と読みます。

つまり「食」とは、単に「お腹が減ったから食べる」「おいしいから食べる」ということではなく、「人を良くする」ための「食」なわけですから、体のみならず、心も頭も良くしてくれるもの。それが「食」なのです。


野球が上手くなるために「食べる」、甲子園に出るために「食べる」、プロ野球選手になるために「食べる」。そして人として体も心も成長するために「食べる」。そういう感覚をいつも持ってほしいと思います。

最近の子供たちはただでさえ食の細い子が多いですから、偏食せず、バランスのよい食事を三食きっちり食べるという習慣を身につける必要があります。

たまに「朝食は食べたり、食べなかったりです」などと言う野球少年に会ったりすることもありますが、私はこう断言します。

「朝食を食べないような選手に、野球をする資格はない」と。

私は、朝食を食べないという子供に会ったら、必ず次のような話をすることにしています。

まず最初に、「朝食を食べないと、その日一日、どんなにがんばったとしても台無しになる」ということを肝に銘じるよう教えます。

朝食を食べなかったということは、昼ご飯をちゃんと食べたとしても、前の晩（19時くらい）に夕飯を食べてから、17時間は何も食べてない計算になります。

脳は、エネルギー源となる糖分がなければきちんと機能してくれません。つまり、朝食を食べていなければ、午前中の授業を一生懸命やっているつもりでも、脳はちゃんと動いてくれてはいませんから、テストの出来が悪くなったり、いつもなら簡単に覚えられることが覚えられなくなったりしてしまうのです。

また、17時間も食物が入ってこなかった胃腸は吸収力がとても高まっており、昼ご飯に食べたものをそこで一気に吸収しようとします。

そうなると、本来は脳に送りたいエネルギーも、胃腸を動かすためのエネルギーとして使われてしまいます。つまり、昼ご飯を食べたとしても、朝食を食べていないと脳は午後になってもちゃんと動いてくれないのです。

朝食を食べないと、一日がいかに無駄になってしまうか、お分かりいただけたでしょうか。

勉強、運動と、丸一日の努力を無駄にしたくないなら、朝食はきちんと摂《と》る必要があります。親子でその重要性を再確認してみてはいかがでしょうか。

また、体を大きくしたい選手から「市販されているプロテインは飲んだほうがいいのか？」という質問をよく受けますが、プロテインは確かに必要です。しかし、小・中学生はプロテインより何より、カルシウムを摂取することのほうが重要です。

なぜなら、小学生から中学生にかけては成長期にあたり、骨の成長が著《いちじる》しいからです。魚介類メニューを豊富に摂り、なおかつ摂取したカルシウムを効率よく骨にするために、ビタミンDの豊富な魚介類（煮干し、シラス干し、サンマ、サバなど）を摂るようにするといいでしょう（ビタミンDはカルシウムの吸収を助けてくれる役割があります）。

メジャー流 25

いい選手になりたいのなら、三食しっかり食べるのは当たり前。とくに朝食は一番大事。小・中学生のうちは市販されているプロテインよりも、カルシウムを摂ることのほうが重要。

【コーチングコラム　その❷】

試合前、試合後のおすすめの献立

「体を強くする、筋肉をつけるにはどんな食事がいいですか？」とか、「試合で最高のパフォーマンスを発揮するには、どんな食事をするといいんですか？」と聞かれることがたまにあります。

基本的に、練習などで「体を強化している期間」と「試合前日、当日」では、食事メニューは大きく異なります。

「試合に勝つ。相手に勝つ」ということで、ゲン担ぎでトンカツを試合前日に食べる人などもいるようですが、トンカツは「体を強化している期間」に食べたほうがいい食事です。試合前日にトンカツを食べても、生物学的、あるいは栄養学的観点からすると試合で最高のパフォーマンスを発揮するのは難しいと言わざるを得ません。

体を鍛える、体を強くする、筋肉をつける、体を成長させるといった時に必要となってくる栄養はタンパク質（プロテイン）です。

タンパク質の英語名である「プロテイン」は、ギリシャ語で「重要」を意味します。タンパク質は、炭水化物、脂質と並び「三大栄養素」のひとつに数えられる、人間にとってとても重要な栄養素なのです。

基本的に、タンパク質は肝臓でアミノ酸となり、それが全身の筋肉に行き渡って新たな筋肉を作るもととなります。

タンパク質を多く含む食材は肉類、魚介類、大豆・大豆製品、卵などです。これらをおかずとして食事に取り入れることで、体のパワーアップも可能となるわけです。

ただ、タンパク質の摂取には注意点がひとつあります。

肝臓でタンパク質は化学変化を起こしてアミノ酸になるわけですが、実はこの時にとても大量のエネルギーを消費します。

つまり、試合当日にトンカツなどの肉を食べたら、じっとしていても肝臓でエネルギーを消費していることになり、これではせっかく摂取したエネルギーも無駄になってしまいます。

そんなことから、試合前日および当日は、試合に必要なエネルギーをすぐに摂取できる炭水化物を多めに摂るようにしましょう。

炭水化物とは、麺類、パン類、ご飯類などで、子供たちの大好きな食事ばかりです。

公式戦のある前の晩、そして当日の食事メニューは、できる限り炭水化物系を多く摂るようにするといいと思います。

さらに付け加えるなら、クエン酸の含まれたものを一緒に摂ると、食事をより効率的にエネルギーに変えることができます。オレンジやレモンなど柑橘《かんきつ》系の果物には、クエン酸が豊富に含まれていますから、デザート代わりにそういった柑橘系果物を摂るといいかもしれません。

メジャー流 26

普段はタンパク質を多く含む肉類、魚介類、大豆・大豆製品、卵などをバランスよく摂る。試合前日および当日は、麺類、パン類、ご飯類などの炭水化物を摂るようにする。

【コーチングコラム　その❸】
これからは熱中症対策も非常に重要

地球温暖化という世界的な環境の変化によって、この日本の夏の暑さも年々厳しさを増しています。

夏季、異常な高温になることも珍しくなくなってきた昨今、子供たちを指導する上での「熱中症対策」も、指導者が気をつけなければならない非常に重要なポイントとなっています。

まず、熱中症のメカニズムを簡単にご説明しましょう。

人間は、体温が上がると体の表面に〝汗〟という水分を出します。水分は気化する際に熱を外に逃がす効果がありますから、汗を気化させることによって体の熱は下がっていきます。

しかし、水分補給を怠《おこた》ると体の熱を外に逃がすための汗が出てこなくなります。その結果、逃げ場のなくなった熱が体内にこもり、熱中症となってしまうわけです。

では、どうしたら熱中症を予防できるのか。そのポイントを3つほど紹介しましょう。

①こまめな水分補給

「こまめな水分補給」とは、「ノドが渇いたから飲む」という意識ではなく、「ノドが乾く前に水分補給する」ことを徹底することが大切です。

熱中症を防ぐ水分補給には、スポーツドリンクがおすすめですが、市販されているものでは濃すぎるので、3倍程度薄めて飲むのがいいでしょう。

夏場の練習であれば、練習の合間、合間に、おおよそ「20分に1回」くらいの割合で水分補給タイム（冷たい飲み物）を設けるといいと思います。

また、できることならポケットにペットボトルを入れるなどして、手近なところに水分を常に置いておくようにするのも一考です。

②休憩をしっかり取る

こまめな水分補給とともに、「休憩をしっかり取る」ことも重要です。「1時間練習したら10分間、日陰で休憩」くらいの休憩は、ぜひ入れるようにしてください。

③こまめに着替える

日本の夏は湿度が高く、人間の体は汗をかきにくい環境にあります。ですから、「汗をよく拭く」ということに加え、「濡れたアンダーシャツなどはこまめに着替える」ことがとても重要です。

最後に、万が一熱中症になってしまった時のために、その対処法もご説明しておきます。

熱中症になった子供の衣服を脱がせ、バケツなどで水を一気にかけると、体が急に冷たくなるため余計に危ない状況になりかねません。ですから水は一気に体に浴びせず、霧吹きなどで少しずつ体を冷やしてあげるようにしてください。霧吹きがなければ、大人が水を口に含み、それを霧状にして吹きかけてあげればいいと思います。

子供が万が一熱中症になってしまったら、まずは風通しのいい日陰に連れて行って横にする。そして衣服を脱がせ（ベルトなども外す）、霧吹きのようなものを体に吹きつけ、うちわのようなもので体を扇《あお》ぐようにしましょう。

熱心な指導者ほど、指導に熱が入りすぎて休憩時間や水分補給のタイミングを忘れてしまいがちです。子供たちを「よくしよう」と思って指導しているのに、子供たちの体を壊してしまったら元も子もありません。

夏場の練習は、周囲の大人たちがいつもの練習以上にみんなで気を配りながら、熱中症を防いでほしいと思います。

メジャー流 27

熱中症を防ぐには　①こまめな水分補給　②休憩をしっかり取る　③こまめに着替える、この3点を実践する。スポーツドリンクを飲むのであれば、市販のものを3倍程度薄めて飲む。

第4章

投げる

正しいピッチングフォームを身につけよう

私が肩を壊したワケ

中学3年で身長186cm、球速もそれなりに出ていた私は、ピッチャーとしてボーイズリーグのオールジャパンに選出されるなど、自分で言うのも何ですが大阪ではそこそこ知られた存在でした。

「自分の投げる試合は勝たなければならない」

周囲の期待に応えるためにも、自分自身が知らず知らずのうちにそんなプレッシャーをかけていたように思います。

オールジャパンに選出され、アメリカへ遠征した中3の夏休み。それまでの連戦連投がたたり、私は右肩に違和感を感じていました。

しかし、オールジャパンに選ばれ、アメリカにも行けるのですから、「肩が痛いです」などとは、とてもではありませんが言い出せませんでした。

アメリカでの遠征試合でも私は連戦連勝。帰国後に3年生最後となる秋の大会を迎えました。

秋の大会でも私の所属していた南海ホークスjrは順調に勝ち上がり、準決勝に進出。

大会のスケジュールにより、準決勝・決勝は同日に行われる予定となっていました。いわゆるダブルヘッダーと呼ばれるパターンです。

第1試合、我がホークスjrは準決勝に勝利し、第2試合の勝者と決勝戦で戦うことになりました。

準決勝を投げ抜いた私の右肩は、すでに悲鳴を上げていました。しかし、ホークスjrには準決勝以上のレベルで投げ勝てるピッチャーが私しかいませんでしたから、必然的に決勝戦も私が投げることが決まっていました。

続く決勝戦。私は痛みに耐え、何とか7回を投げ抜き、最後の大会で優勝することができました。しかしその後遺症によって、私の肩はまったくいうことをきかなくなってしまったのです。

中学時代にそれなりの活躍をしていた私は当時、大阪で強豪校として知られていた浪商への進学が決まっていました。

中学生だった私は、肩の痛みに真剣に向き合うことはせず、「高校に入るまでには治るだろう」と楽観的に考えていました。

しかし、高校に進学しても肩の痛みは治まりませんでした。そこで初めて肩の痛みと真剣に向き合い、病院で細かい検査を受けたところ、医師から「手術をしたほうがいい」と忠告されました。

当時の私のケガの症状は、今でいう肩関節唇損傷でした。でも、当時はまだそんな病名は一般的ではなく、医師も治すなら手術するしかないという考え方です。

でも、私は手術するのだけは嫌でした。「手術をすれば二度とピッチャーはできなくなる」。そう考えていましたから、ケガを克服するには筋力トレーニングをするしか道はありません。

本来であれば、肩関節唇損傷を克服するにはインナーマッスルを強化しなければならないのですが、当時のスポーツ界にはまだ「インナーマッスル」という単語すらありませんでしたから、私はひたすら肩のアウターマッスルの強化に努めていました。

1年生の夏以降、筋力トレーニングに励んだ私の体にはみるみるうちに筋肉がつき、2年生になった時には体重が8キロ増加。アメリカンフットボールの選手のような体格になり、ボールを少しは投げられるようになりました。

しかし、インナーマッスルを強化したわけではありませんから、すぐにボロは出てきます。投げているうちに右肩が以前のように痛むようになり、結局、ボールをまったく投げられなくなってしまいました。

中学でオールジャパンに選出され、高校は強豪の浪商に進学。当時の私は相当、天狗になっていたと思います。

　そんな私が、右肩のケガによって「野球ができなくなる」という事実に直面したのです。この時、私は言葉にならないほどの挫折感を覚えました。それまで野球一辺倒で生きてきた私から、野球を取ったら何も残りません。

「俺、これからどうしたらいいんだろう……」

　今だから言えることですが、この時の挫折感がなければ今の私はないと思います。この時、圧倒的な絶望を味わったからこそ、「野球だけじゃダメなんだ」ということに私は気付くことができ、その後大学に進学し、トレーニングやリハビリなどの勉強をしようと思えるようになったのですから。

メジャー流 28

誰もが経験するであろう人生で初めての挫折。しかし、圧倒的な絶望を味わったからこそ「野球だけではダメなんだ」と気付くこともできる。

日本の投手は投げすぎ、アメリカの投手は投げなさすぎ

「投げる」という動作は、野球のもっとも基本的な動きのひとつですが、近年、子供たちの「投げる能力」がどんどん低下しているように感じます。

子供たちの投げる能力が低下しているのはなぜか。それは、子供たちを取り巻く環境の変化が最大の理由といっていいでしょう。

都心ではボール遊びのできる公園も減り、そもそも、子供たちが放課後に外で遊ぶ姿すらめっきり見かけなくなりました。

子供たちが放課後、家でゲームをしているのか、塾に行っているのか、理由はいろいろとあるのでしょうが、とにかく子供たちが外で遊ばなくなった。今後は「投げる能力」だけでなく、「走る能力」や「飛び跳ねる能力」など、人間として大切な基本的な動きの能力が衰えていくような気がします。

しかし、子供たちの「投げる能力」が劣っているからといって、少年野球の選手など

に過度な「投げ込み」を強制するのは禁物です。

そもそも、日本の野球は昔からピッチャーが投げすぎの傾向があります（よくアメリカと比較されますが、私はアメリカの野球は逆に投げなさすぎだと思います）。

日本はピッチング練習も投げすぎですが、試合でも「完投」を目指すように指導されます。練習でも試合でも投げすぎれば、当然のことながら肩やヒジに負担がかかりますから、体を酷使することによってケガも増えていくのです。

私の考えでは、小学生のうちはピッチング練習をするにしても、投げる球数は最大で一日50球まで。それを週に二日、あるいは三日。つまり一週間に投げる球数は、多くて150球。これが限度だと考えます。

かつて大阪のダイナミックスポーツ医学研究所に勤めていた頃、肩やヒジを痛めた小学生を何人も見てきましたが、彼らはみな「投げすぎ」によってケガをしていました。

ケガをした選手としていない選手を比べた場合、おおよその境が「一日50球」にあるように感じました。

「一日50球×週に多くて三日」

これは私の経験から導き出された数値です。試合などで50球以上投げなければならない状況も出てくると思いますが、そのような場合も一週間に150球を超えないように、指導者が細心の注意を払うようにしてください。

メジャー流 29

完投を目指す日本のピッチャーは、普段の練習からボールを投げすぎ。小学生がケガをしないようにピッチング練習をするには「一日50球×週に多くて三日」が限度。

メジャー流、球数を必要としない効率的なピッチング練習

ピッチャーの投げすぎは禁物ですが、ピッチング練習をしっかりと行わなければコントロールもよくなりませんし、ボールも速くなりません。これは事実です。

少ない球数の中でいかに有効にピッチング練習を行うか。そのためには「練習のための練習」ではなく「実戦のための練習」を行う必要があります。そこでメジャーリーグで行われているピッチング練習法をご紹介したいと思います。

メジャーのキャンプなどでは「アップダウンセット」というピッチング練習が取り入れられています。

ひとりのピッチャーは20球投げたら一度、インターバルを取ります。そして5～10分

程度の休憩を挟み、ブルペンの違うマウンドでまた20球投げ、インターバルを取る。近年のメジャーでは先発投手の投げる球数は100球を目安にしていますから、20球のピッチングを5セット程度行うわけです。

同じ100球でも、インターバルを取りながら投げる100球と、続けて投げる100球では、体に残る疲労はまったく違います。

20球投げて休み、違うマウンドでまた投げる。これは実に理にかなった実戦的なピッチング練習といっていいでしょう。

実際の試合で、ピッチャーが100球を連続で投げることなどなかなかあり得ることではありません。また、常に自分の足跡のついた、投げやすいマウンドで投げ続けることも実戦ではあり得ません。

相手のピッチャーも同じマウンドで投げているわけですから、イニングが変わるごとにマウンドの足跡は変わり、その都度、自分の足の踏み込む幅にならす必要があります。そういった実戦さながらの状況に慣れる意味でも、休憩を挟みつつ、違うマウンドで投げるのは理にかなっているのです。

少年野球では一日50球程度を目安としてほしいので、アップダウンセットのピッチング練習は15球×3～4セットで行うといいでしょう。

また、より実戦向きの練習にするために、たまにはバッターボックスに打者に立ってもらうようにすると、なお効果的だと思います。

メジャー流 30

効率的かつ実戦的なピッチング練習「アップダウンセット」。20球投げたら5～10分休憩し、違うマウンドでまた20球投げる。メジャーの先発投手はこの練習を5セット程度行う。

最新版！ 現代の正しいピッチングフォーム

私の経営するジムには、肩やヒジを故障した野球選手（プロ、アマ問わず）が数多く通っています。

彼らは私に、「立花さん、ケガをしないための、正しいピッチングフォームを教えてください」とよく聞いてきます。

正しいピッチングフォームを簡単に説明すると、「体を効率よく回転させる」ということになります。

効率よく体を回転させれば肩や腕にもそれほど負担はかかりませんが、効率が悪いと肩と腕だけに負担がかかることになり、故障の原因となってしまうのです。
では、効率よく体を回転させるにはどうしたらよいのでしょうか。
そのチェックポイントを順を追ってご説明しましょう。

①真っ直ぐに立つ

まず、マウンドでは真っ直ぐに立ちます（次ページ写真1）。次に振りかぶった時も真っ直ぐ（次ページ写真2）、足を上げた時も真っ直ぐに立ちます（次ページ写真3・4）。足を上げた時にのけぞったような姿勢になるとヒジの位置が高くなりすぎますし、猫背のようになってしまうと今度はヒジの位置が低くなってしまい、それぞれヒジに負担がかかることになるので注意が必要です。

②上げた足を下ろす（踏み込む）時、つま先がショートもしくはセンターに向く

上げた足を下ろし、体重移動が始まったら、それと同時にヒザを伸ばし、つま先がショート、もしくはセンター方向（左投手の場合はセカンド、もしくはセンター方向）に向きます（次ページ写真5・6）。この動作によってキャッチャー側の股関節は閉じられ、上体が早く開いてしまうことを防ぎます。

伸ばした足を踏み込む際には、椅子に座るように体重移動を行います。この動きによ

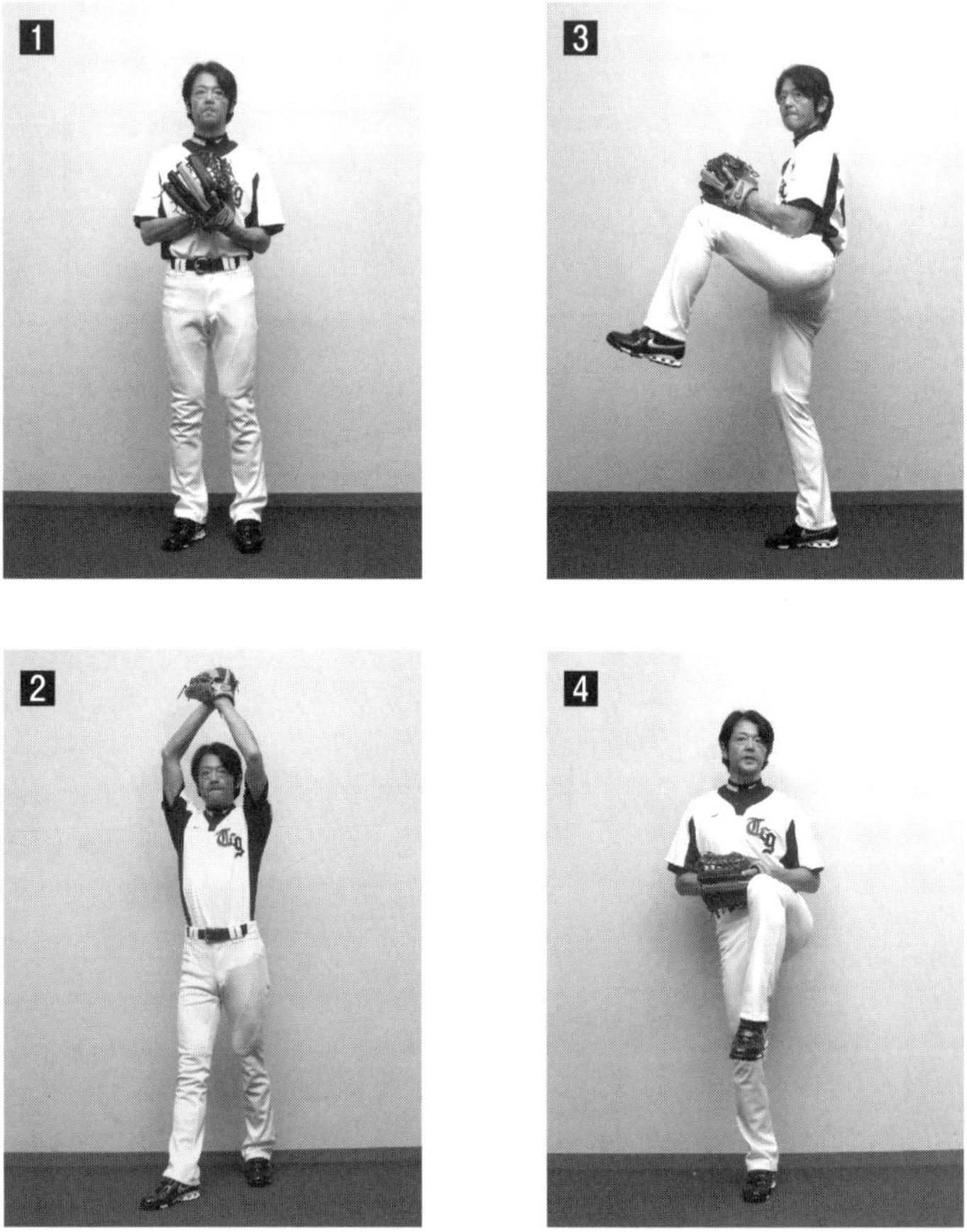

マウンドでは、足を上げるまで真っ直ぐに立つのが基本中の基本。足を上げた時にのけぞったような姿勢になるとヒジの位置が高くなりすぎるし、猫背のようになってしまうと今度はヒジの位置が低くなってしまい、それぞれヒジに負担がかかることになるので注意が必要。

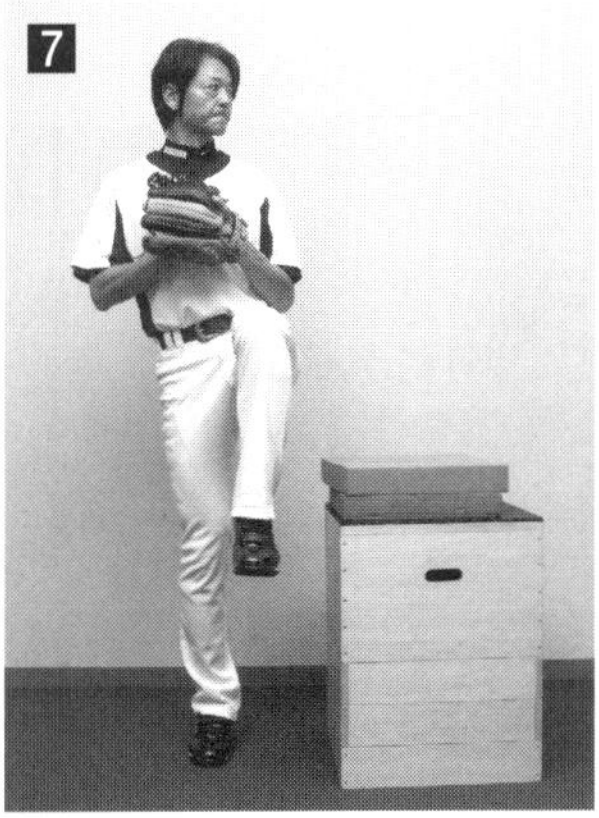

上げた足を下ろし、体重移動が始まったら、それと同時にヒザを伸ばし、つま先がショート、もしくはセンター方向（左投手の場合はセカンド、もしくはセンター方向）に向く。この動作によってキャッチャー側の股関節は閉じられ、上体が早く開いてしまうことを防ぐ。伸ばした足を踏み込む際には、椅子に座るように体重移動を行う。この動きによって、「ヒップファースト」の形が自然に出来上がる。

って、よく言われる「ヒップファースト」（キャッチャー方向にお尻から先に出ていく）の形が自然に出来上がります。

椅子に座る感覚を掴むために、前ページ写真7のように台を使って練習するのもひとつの方法です。

踏み込む足は、足首の外側、ヒザの外側をキャッチャー方向に向けて踏み出します（足のウラをキャッチャーに見せるような感覚で・写真8）。こうすることによって、股関節は閉じたまま足を踏み込むことができますから、上体が開いてしまうのを防ぐことができます。

ヒザがすぐに開いてしまったり、踏み込む足が一塁側（左投手なら三塁側）に開いてしまう選手には「キャッチャーに足のウラを見せるように踏み込みなさい」と言うと子供でも理解できますし、実践しやすいと思います。

また、この動きの時、グローブから右手を出しますが、その際にボールを握った手の平は一塁方向に向くのが基本です（左投手は三塁方向）。

ただその際、正面から見た時にボールを握った手が背後に行きすぎない（写真9）ようにしてください。ボールを握った手の位置はバッターから見えない体の真横（写真10）にあるのが正しい位置です。

踏み込む足は、足のウラをキャッチャーに見せるような感覚で、足首の外側、ヒザの外側をキャッチャー方向に向けて踏み出す。こうすることで、股関節を閉じたまま足を踏み込み、上体が開いてしまうのを防ぐ。

グローブから手を出した際、正面から見た時にボールを握った手が背後に行きすぎないように注意する。

ボールを握った手の位置は、バッターから見えない体の真横にあるのが正しい。これだとボールの出所が見えづらく、打ちづらい。

③踏み込んだ足が着地する時は、かかとからでもつま先からでもＯＫ

プロ野球で一流と呼ばれる投手でも、踏み込んだ足（右投手なら左足、左投手なら右足）が着地する際、かかとから着地する人（写真11）とつま先から着地する人（写真12）の2種類に分かれますが、私が調べたところによると、65％の投手がかかとから着地します。

かかとからの着地だと、上体が早く開いてしまうように思われるかもしれませんが、足の内側から着地するようにすれば、体が開くことはありません。福岡ソフトバンクホークスの工藤公康監督は現役時代、かかとから着地するタイプでしたが、上体が開くことなく、とてもいいピッチングフォームでキレのあるボールを投げていました。

かかとから、つま先からに関わらず、共通しているのは足の内側から着地するということ。この点に気をつければ、上体は開くことなく、しっかりとタメができるのです（写真13）。

④足を踏み込んだ時、両ヒジの高さは一緒

足を踏み込んだ時、右ヒジ、左ヒジの高さは平行になります（次ページ写真14）。写真15（次ページ）のようにどちらかのヒジの位置が下がっていると、効率的な体の回転を生み出すことができなくなってしまうので注意してください。

踏み込んだ足が着地する際、かかとから着地する投手とつま先から着地する投手がいるが、共通しているのは足の内側（土踏まず側）から着地するということ。この点に気をつければ、上体は開くことなく、しっかりとタメができる。

足を踏み込んだ時、右ヒジ、左ヒジの高さは平行にする。

どちらかのヒジの位置が下がっていると、効率的な体の回転を生み出すことができなくなる。

グローブをはめた手は内側にひねって、ポケット（手の平）が上を向いた状態になるのが理想。これで肩甲骨が閉じられ、上体が早く開くことを防ぐ効果がある。

この時、グローブをはめた手は内側にひねって、ポケット（手の平）が上を向いた状態になるのが理想です。そうすることによって肩甲骨が閉じられ、上体が早く開くことを防ぐ効果があります（写真16）。

⑤腕はヒジから上がってくる

踏み込んだ足が着地し、ボールを握った手を振り上げる際、昔はグローブから手が出たらすぐにセンターにボールを向けなさい（次ページ写真17）と言われていました。

しかし近年はヒジから上がり、ボールを握った手は下に位置します（次ページ写真18）。そしてそこから手がしなるように上がってきて、ヒジ→手首の順で前に出て行きます。

センターにボールを向ける投げ方はバッターからボールが丸見えですが（次ページ写真19）、ヒジから上がってくる投げ方だと、バッターからはボールの出どころが非常に見えにくくなります（次ページ写真20）。そういった意味でも、ボールを握った腕がヒジから上がってくるフォームを私はおすすめします。

⑥投げる瞬間のヒジの位置は肩と同じ高さに

ヒジを痛める最大の原因は、ボールを投げる瞬間のヒジの位置が、写真21（次ペー

昔の教えでは、グローブから手が出たら、すぐにセンターにボールを向けるのがよいとされていた。

近年の投手はヒジから上がり、ボールを握った手は下に位置している。その後、手がしなるように上がってきて、ヒジ→手首の順で前に出て行く。

センターにボールを向ける投げ方は、バッターからボールが丸見えになる。

ヒジから上がってくる投げ方だと、バッターからはボールの出どころが非常に見えにくくなるので、このフォームのほうがおすすめ。

ジ）のように肩よりも下がっているからです。
理想的な肩とヒジの位置関係は写真22のようになります。左肩と右肩を結んだ線の延長線上にヒジが来るようにしてください。

ボールを投げる瞬間のヒジの位置が肩よりも下がっていると、ヒジを痛める最大の原因となる。

理想的な肩とヒジの位置関係は、左肩と右肩を結んだ線の延長線上にヒジが来ること。

⑥手を振り下ろす時、手の甲は三塁側に向いている

ボールを握った手がヒジに続いて上がってきた時、写真23（次ページ）のようにボールは三塁側に向いています。

さらにその後、ヒジ、手を前に振り下ろしていくことになりますが、その際、今度はボールを握った手の甲が写真24（次ページ）のように三塁側に向くことになります（バ

ッターから見ると、チョップするように小指の側から手が出てくる)。

その後一瞬、手の平が正面に向いた瞬間(写真25)にボールをリリースし、投げ終わったら今度は手の平が三塁側に向くことになります(写真26)。

⑦投げ終わったら自分の右横(左投手は左横)で右足のウラは空に向く

昔のピッチャーは「9人目の野手」と呼ばれたりしていたので、投球後すぐに守備につけるよう、写真27(次ページ)のようなフィニッシュとなるのが一般的でした。しかし、これでは体の回転を途中で止めていることになるので、ボールに十分なパワーを伝えることができません。

ですから、現在は右足の股関節が素早く回転することによって(左投手は左足の股関節)、左足で踏み込んだ後の右足は上を向く状態(次ページ写真28)になるのが理想です。

投げ終わった後の右足が写真29(次ページ)のようにセンター側に向いているのは、股関節が効率的に回転していない証拠です。

選手たちには、「投げ終わったら、足のウラを空に向けろ」と教えてあげるといいでしょう。

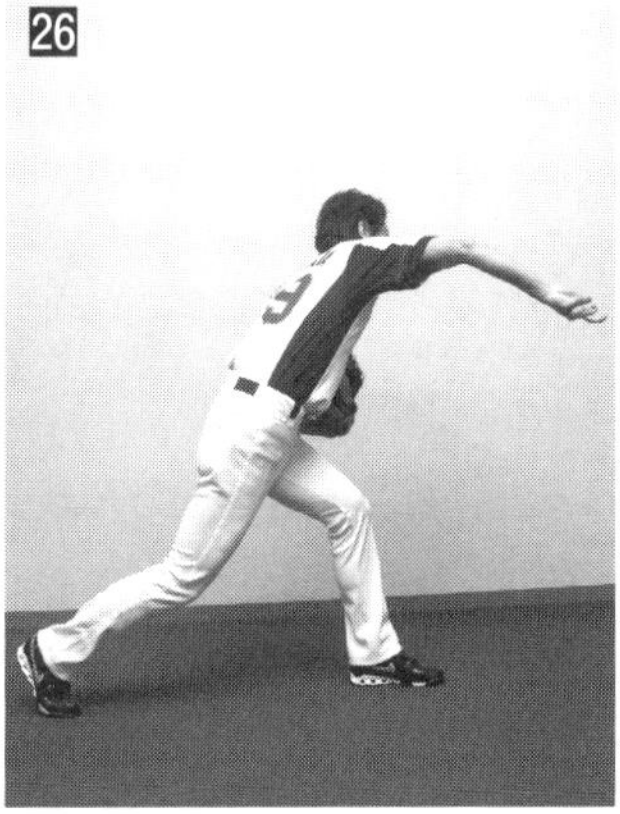

ボールを握った手がヒジに続いて上がってきた時、ボールは三塁側を向いている。その後、ヒジ、手と前に振り下ろしていく際には、ボールを握った手の甲は三塁側に向く。直後に手の平が正面に向いた瞬間にボールをリリースし、投げ終わったら今度は手の平が三塁側に向くのが正しい。

このフィニッシュだと、体の回転を途中で止めていることになるので、ボールに十分なパワーを与えられない。

軸足がセンター側に向いているのは、股関節が効率的に回転していない証拠。

軸足の股関節が素早く回転することによって、投げ終わった後に足のウラが上を向く状態になるのが理想。

メジャー流 31

正しいピッチングフォームとは、「体を効率よく回転させる」ことのできるフォームである。効率よく体を回転させれば肩や腕にもそれほど負担はかからず、ケガもしなくて済む。

試合中、急に崩れたピッチャーにかけるべき〝ひと言〟とは？

試合中、それまでは調子がよかったのに、突然フォアボールを連発して崩れてしまうピッチャーがよくいます。精神的なものなのか、肉体的なものなのか、その理由はさまざまですが、私が調べたところ、制球を突如乱す理由のひとつとして、〝目〟が関係していることが分かりました。

調子のいい時、ほとんどのピッチャーは写真1（次ページ）のように左目（左投手は右目）でキャッチャーを見ながら足を踏み込んでいきます。

そして投げ終わった後は、写真2（次ページ）のように右目で見る。この左目で見てから、右目で見て終わるのが調子のいい時のフォームです。

調子のいい時、ほとんどのピッチャーは、左目（左投手は右目）でキャッチャーを見ながら足を踏み込んでいく。

投げ終わった後は、右目でキャッチャーを見る。左目で見てから、右目で見て終わるのが調子のいい時のフォーム。

調子の悪い時は、両目でキャッチャーを見にいっている。両目で見れば、当然上体は早く開いてしまうので、球威、制球力ともにどんどん衰えていく。

ところが、調子の悪い時のフォームを調べてみると、写真3のように両目で見にいっているることが分かりました。

人間は両目でものを見るのが一番正確な情報を得られますから、ストライクが入らなくなると両目でキャッチャーを見にいってしまうのです。

両目で見れば、当然上体は早く開いてしまいます。その結果、球威、制球力ともにどんどん衰えていくという悪循環を招いているのです。

もし、試合中にピッチャーが突然制球を乱したら、「左目でキャッチャーを見るようにしろ」と声をかけてあげるといいと思います。そうすれば体の開きが最小限に抑えられ、再びいいピッチングができるようになるはずです。

メジャー流 32

しっかり投げようとするあまり、両目でキャッチャーを見るから体が開いてしまう。そんな時は「左目でキャッチャーを見るようにしよう」と言えば、体が開かなくなる。

ダルビッシュ有投手の
グローブをはめた腕の理想的な使い方

ピッチングモーションに入り、足を踏み込むのと同時にピッチャーはグローブをキャッチャー方向にグイと突き出します。

ここからが問題なのですが、かつては写真1のように、グローブは左脇（左投手は右脇）に素早く引き込み、その引く力を利用して上体を回転させろと教えられていました。

しかし、最近はテキサス・レンジャーズのダルビッシュ有投手のように、グローブを引いてくる位置がお腹のあたり（写真2）になっている一流選手が増えています。

グローブをお腹に持ってくることで上体は開かず、投げる瞬間まで上体をタメるだけタメておくことができます。

そうすると、腕を振り切る時に上体の力が一気に解放されるので、体の回転がより速くなり、球速もアップするのです。

プロのピッチャーすべてがこのやり方を用いているわけではありませんが、私は現時点で、この投げ方がもっとも正しい投げ方、理想的な投げ方だと思っています。

かつては、グローブは左脇（左投手は右脇）に素早く引き込み、その引く力を利用して上体を回転させる投げ方が主流だった。

最近は、グローブを引いてくる位置はお腹のあたりの一流投手が増えている。こうすることで上体は開かず、投げる瞬間までタメるだけタメておくことができる。腕を振り切る時に上体の力が一気に解放されるので、体の回転がより速くなり、球速もアップする。

アンダースローの投げ方を教えるのも、最近は写真3のように両手をぶつけるような感覚で上体を回転させるようにしています。
そうすることで、オーバースローの時と同じように体が開くのを防ぐことができ、その後、ひねりのパワーによって右手をより速く振ることもできるのです。

アンダースローの投げ方も、両手をぶつけるような感覚で上体を回転させることで、オーバースローの時と同じように体が開くのを防ぎ、その後、ひねりのパワーによって右手をより速く振ることが可能。

メジャー流 33

グローブを左脇に素早く引き込むのではなく、グローブを引いてくる位置はお腹のあたりがベスト。この方法だと上体にタメができるので、体の回転が速くなり、球速もアップする。

速い球を投げるには〝メンコエクササイズ〟！

メンコは私が子供の頃は誰もがやっていた遊びですが、今はメンコで遊んでいる子などほとんどいません。しかし、このメンコ遊びが、実は正しい投球動作を覚える上でとても有効な方法なのです。

メンコ遊びの腕のしなりや手首を返す動作は、野球のボールを投げる動作とほぼ同じで、正しいヒジの使い方も覚えられるのが利点です。

投球動作において、一番肝心なのは肩とヒジをどう使うかという点です。よく「肩とヒジをムチのように使え」と言ったりしますが、これも抽象的な表現で、子供たちに理解させることはちょっと難しい気がします。

次ページの写真1と2を見比べてください。肩の後ろからそのまま振り下ろす1と、胸から一度振り上げた後に振り下ろす2とでは、どちらのほうがよりムチがしなると思いますか？

答えは、後者の2のほうです。

野球でいえば、写真1は写真3（次ページ）と同じ状態で、これでは腕をムチのよう

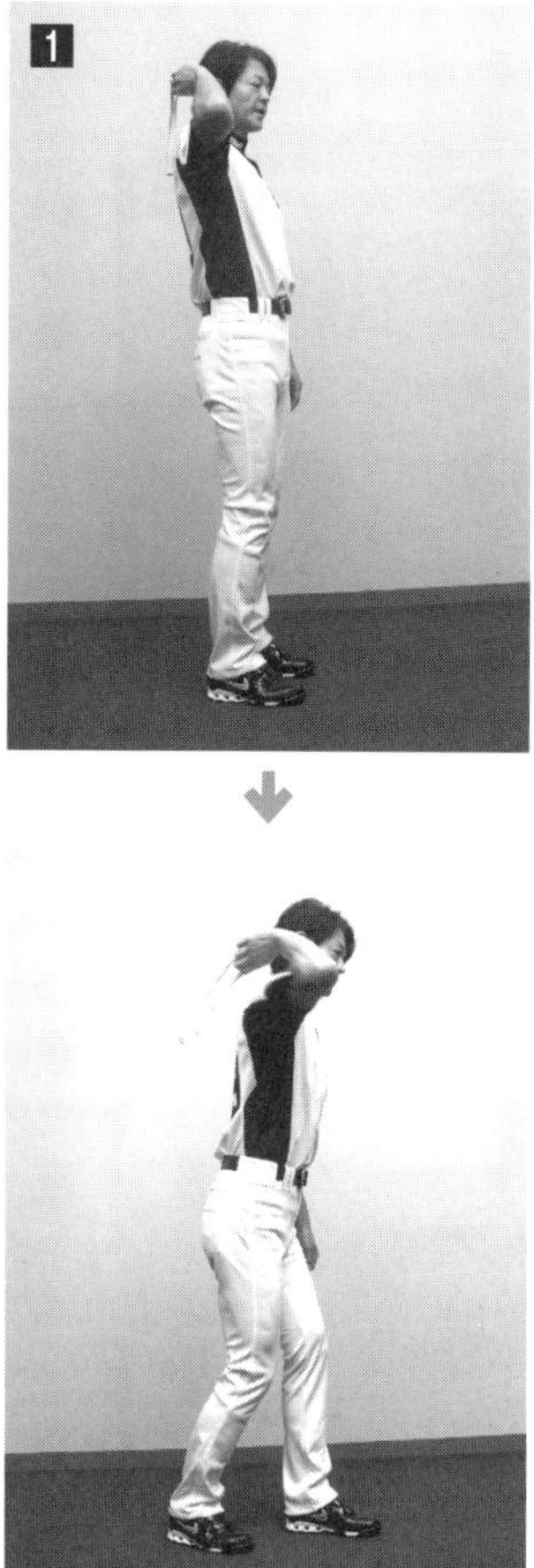

肩の後ろから振り下ろすと、それほど強いしなりを加えられない。

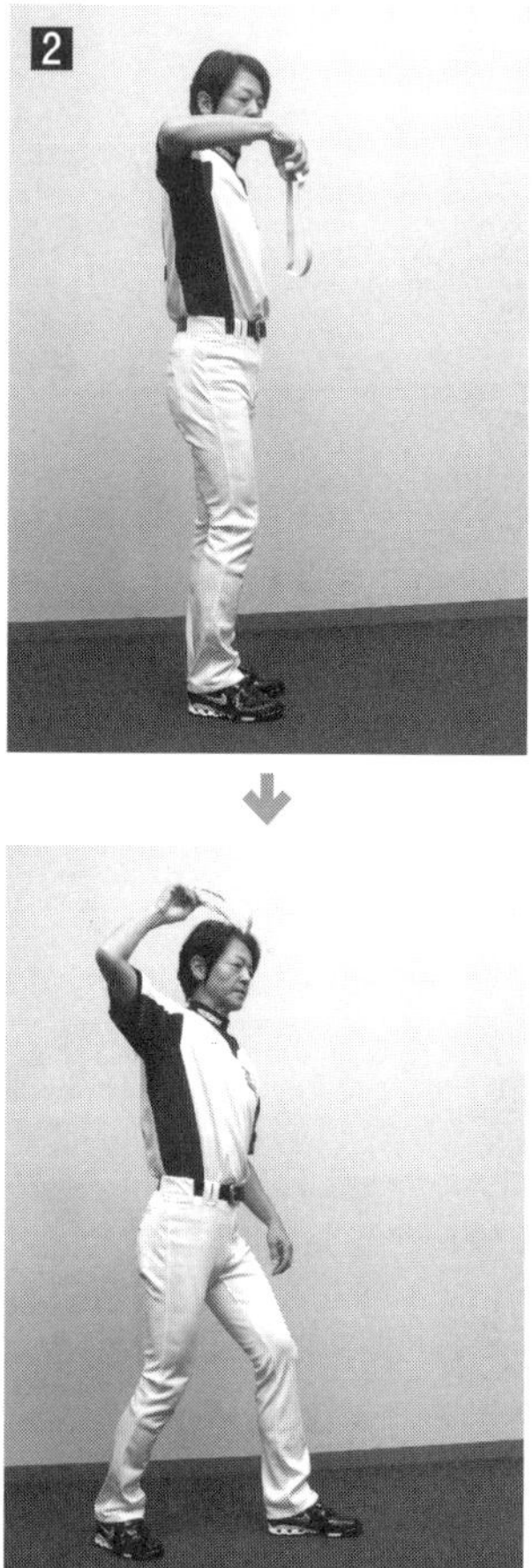

胸の前から一度振り上げた後に振り下ろしたほうが、より強いしなりを生むことができる。

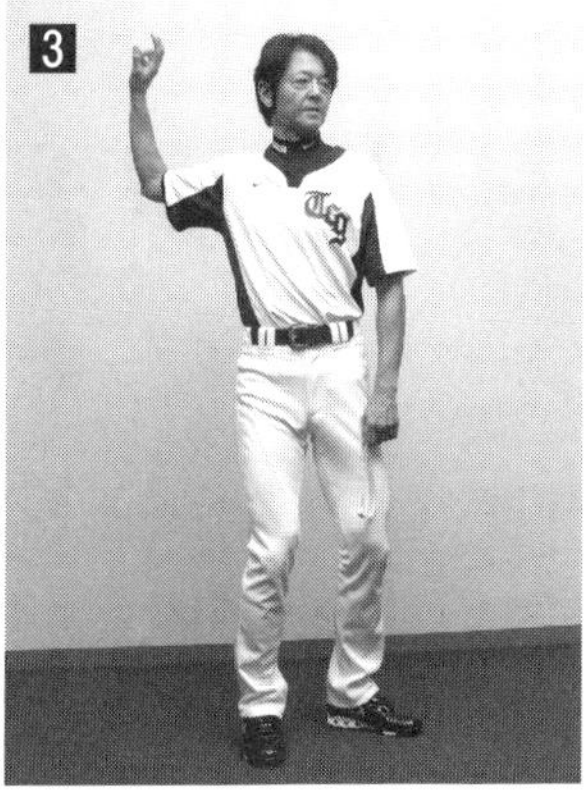

手が上にある状態から振り下ろしても、腕に強いしなりは生まれない。

手が下にある状態から上げて振り下ろすと、腕をムチのようにしならせることができる。

メンコを地面に叩きつける際、始動はヒジからとなり、まずヒジが上がってその後にメンコを持った手が続いてくる。必ずヒジから先に上げるようにする。

にしならせることはできません。

写真2の動きでムチをしならせるには、写真4（前ページ）のようなヒジの使い方がもっとも大切で、この動きがメンコによって遊びながら、しかも簡単に習得することができるのです。

メンコを地面に叩きつける際、始動はヒジからとなり、ヒジが上がってその後にメンコを持った手が続いていきます。メンコをやる時、一番気をつけてほしいのはここです。写真5（前ページ）のように必ずヒジから上に上げるようにしてください。

それでは、〝メンコエクササイズ〟のやり方を、5つのレベルに分けて解説していきたいと思います。

［レベル 1 ］メンコと両足で正三角形を作る

初歩段階のやり方は、両足とメンコで正三角形を作ります（写真6）。その正三角形の頂点に目がけてメンコを投げ下ろしてください（写真7）。肩、ヒジ、肩甲骨の基本的な動きがこのやり方で習得できます。

［レベル 2 ］メンコと両足で直角三角形を作る

これは、レベル1に体のひねりを加えたやり方です。今度は左足の横にメンコを置い

メンコエクササイズ・レベル1

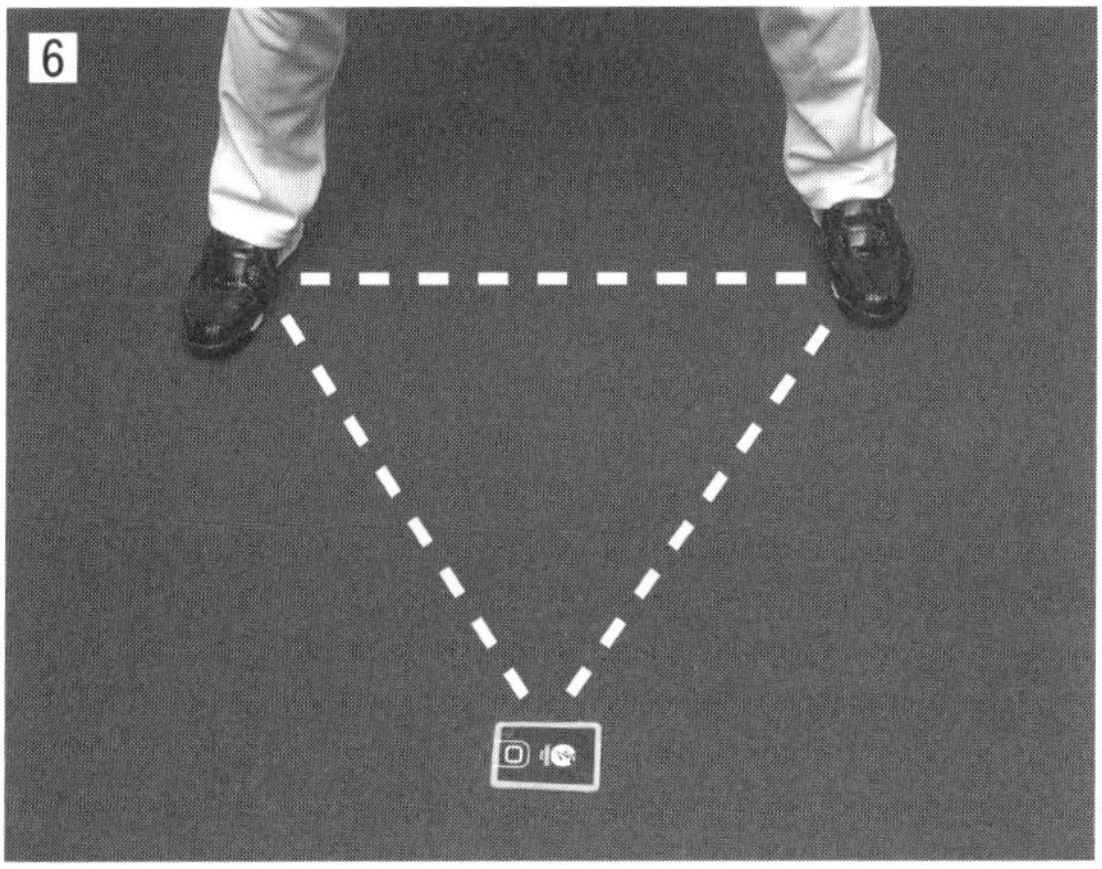

レベル1では、両足とメンコで正三角形を作り、その正三角形の頂点に目がけてメンコを投げ下ろす。肩、ヒジ、肩甲骨の基本的な動きがこのやり方で習得できる。

メンコエクササイズ・レベル2

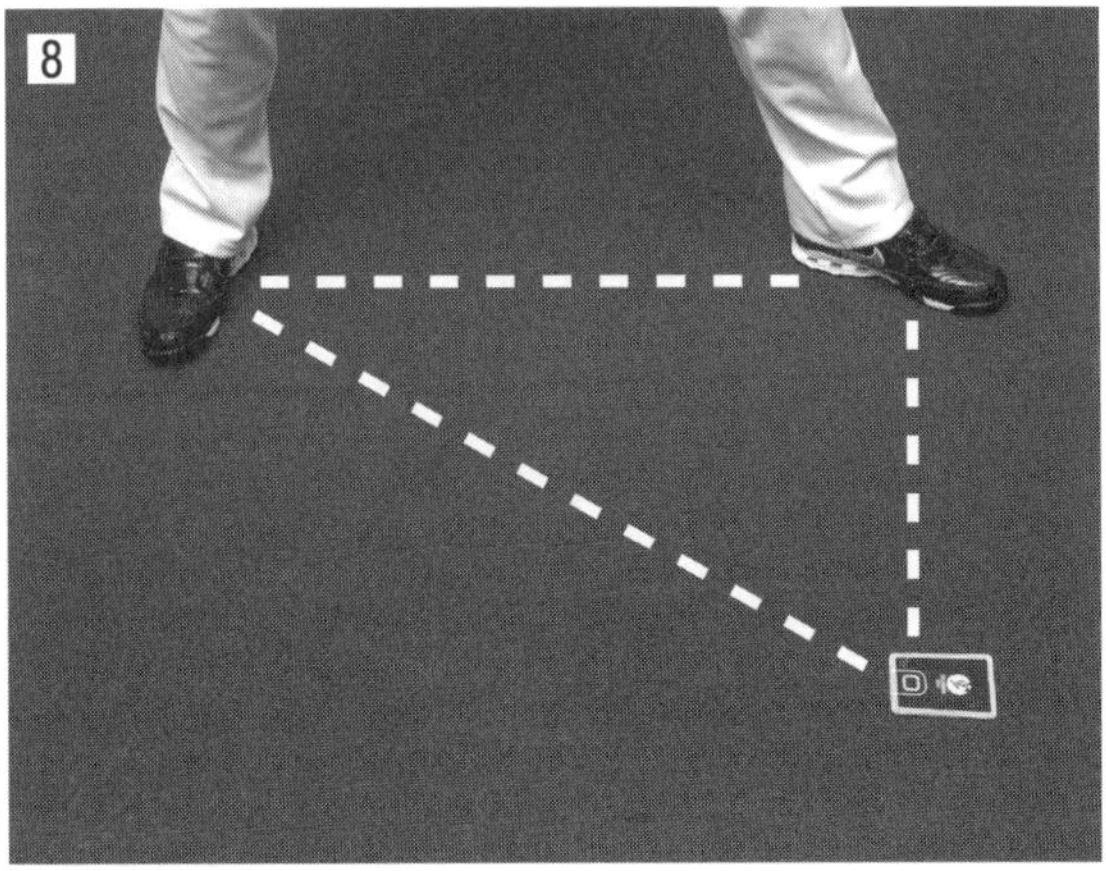

レベル2は、体のひねりを加えたやり方。今度は左足の横にメンコを置いて直角三角形を作り、メンコを投げ下ろす。股関節を使って体を上手く回転させながらやるようにする。

て、直角三角形を作り（写真8）、写真9のようにメンコを投げ下ろします。股関節を使って体を上手く回転させながらやるようにしてください。

［レベル3］メンコと両足を一直線上に並べる

レベル3では、両足の延長線上にメンコを置き（次ページ写真10）、写真11（次ページ）のようにしっかりとタメを作ってから、全身を使ってメンコを投げ下ろします。投げ終わった後、右足のウラが天井を向くように意識してください（次ページ写真12）。

［レベル4］メンコを投げる位置をやや上げる

レベル3までは地面に向かってメンコを投げていましたが、レベル4では写真13（次ページ）のように目標の位置をやや上げます。上体を起こして投げることで、投球動作により近い投げ方が覚えられます。

［レベル5］

これが最終段階。壁などに向かい、ほぼ正面にメンコを投げつけます（次ページ写真14）。これは投球動作とまったく一緒です。レベル1から始めた体の使い方を忘れずに、正しい投球動作を覚えるようにしてください。

メンコエクササイズ・レベル3

レベル3では、両足の延長線上にメンコを置き、しっかりとタメを作ってから、全身を使ってメンコを投げ下ろす。投げ終わった後、右足のウラが天井を向くように意識する。

メンコエクササイズ・レベル4

レベル4では、目標の位置をやや上げる。上体を起こして投げることで、投球動作により近い投げ方が覚えられる。

メンコエクササイズ・レベル5

レベル5が最終段階。壁などに向かい、ほぼ正面にメンコを投げつける。これは投球動作とまったく一緒の動き。

メジャー流 34

メンコは単なる昔の遊びではない。メンコを地面に叩きつける際、始動はヒジからとなる。メンコ遊びによって、腕をムチのようにしならせる感覚を覚えることができる。

なぜイップスになってしまうのか

ピッチャー、野手を問わず、ある日突然、思い通りのところに投げられなくなってしまう症状のことをイップスと言います。

イップスとは、元々はゴルフから生まれた言葉で、誰でも入りそうな短い距離のパットなのに、プレッシャーから体が思い通りに動かず、外してしまうことを指して「イップス」と呼んでいました。

野球をはじめとするスポーツ界では「イップス」と呼ばれているこの症状。実は医学的には「脳疾患性ジストニア」と呼ばれており、スポーツ選手以外にもピアニスト（演奏家）のような同じ動きを繰り返しやっている人に起こりやすい症状と言われています。

イップスになってしまう原因はいろいろと考えられますが、精神的な問題が大部分を占めていると私は考えています。

「ちゃんと投げなければいけない」

「暴投なんて絶対にできない」

真面目な人ほど、そういった考え方にとらわれがちで、大事な場面でミスをするといつまでもそれを引きずってしまいます。

「もう失敗は許されない」

そんな余計なプレッシャーを勝手に自分でかけてしまい、自然な動きができなくなっていくのです。

今までは、ボールを投げる時は無意識のうちに腕を振り、スナップを利かせていたのに、「どこでボールを放したらいいのか？」「手首はどうやって振ればいいのか」など、細かいことを考え始め、体の動きがバラバラになっていく。そうなるとコンディショニングコーチや医師など、専門家の力を借りなければ修正することはできません。

以前、イップスの原因を究明するために、イップスになってしまった人と、そうでない人の投げ方を撮影し、比べてみたことがあります。

イップスではない人は、テイクバックから体をひねり、胸が正面を向いた時、ボールを握った手の小指の側が正面方向に向いています（次ページ写真１・２）。

イップスではない人は、テイクバックから体をひねり胸が正面を向いた時、ボールを握った手の小指の側が正面方向に向いている。スポーツの動き、とくに“投げる”という動作は、“ひねり”の連続から成り立っている。

テイクバックからヒジ、手の順で前に出てきた時、手首はまだひねりの途中にあるので小指が前に向いている。その後シュートを投げるような要領でひねりを加えながら、ボールにストレートの回転を与える。つまり、手の平が正面を向くのは、ボールをリリースするほんの一瞬だけとなる。

イップスの人は、“ひねり”がなくなっている。テイクバックから胸が正面を向くと、そのままヒジと手も真っ直ぐに出てくる。

手の平側が常にキャッチャー方向に向いていて、いつでもボールを投げられる状態なので、耳の横あたりでボールを放したり、手が伸びきった最後のところでボールを放したりと、リリースポイントが安定しない。コントロールを重視するあまり、“ダーツ投げ”になってしまう。

みなさんは、ストレートを投げる時の手の位置は、手の平が正面を向いたまま、スナップを利かせて投げていると思っているかもしれませんが、それは間違いです。スポーツの動き、とくに〝投げる〟という動作は、実は〝ひねり〟の連続から成り立っています。

ですからテイクバックからヒジ、手の順で前に出てきた時、手首はまだひねりの途中にありますから小指が前に向いています。そして、そこからシュートを投げるような要領でひねりを加えながら、ボールにストレートの回転を与えているわけです。つまり、手の平が正面を向くのは、ボールをリリースするほんの一瞬だけなのです（P151・写真3）。

しかし、イップスになってしまった人は、その〝ひねり〟がなくなってしまっています。テイクバックから胸が正面を向くと、そのままヒジと手も真っ直ぐに出てきます（前ページ写真4・5）。

そうなると、手の平側が常にキャッチャー方向に向いていて、いつでも正面にボールを投げられる状態なので、耳の横あたりでボールを放したり、手が伸びきった最後のところでボールを放したりと、リリースポイントが一向に安定しません。

要はコントロールを重視するあまり、〝ダーツ投げ〟になってしまっているのです（前ページ写真6）。

メジャー流 35

真面目な人ほど、「ちゃんと投げなければ」という気持ちが強すぎてイップスになる。コントロールを重視するあまり、〝ダーツ投げ〟となり、投げるポイントが安定しなくなる。

イップスは克服できる！

〝ひねり〟というのは、体のパワーを増幅させる力を持っています。前項でご説明してきたように、〝投げる〟という動作はひねりの連続ですし、実はバッティングも足のひねりが股関節に伝わり、そのひねりが腰、背骨、腕、バットと伝わっていくうちに〝うねり〟となって大きなパワーが生まれます。

ダーツはコントロールだけあればよく、スピードは必要とされませんから〝ひねり〟も必要ありません。

しかし、野球はピッチャーにしろ、野手にしろ、強いボールを投げなければいけませんから、どうしても〝ひねる〟という動作が欠かせなくなってきます。

イップスを克服するには、この〝ひねる〟という動作を体に再び覚え込ませる必要があります。その方法をここでご紹介しましょう。

イップスを克服する第一段階として、まず肩のインナーマッスルを鍛えながら肩甲骨の動きを滑《なめ》らかにし、いい投げ方を何度も何度も繰り返します。

この時、実際にボールは投げません。シャドウピッチングのように投げる真似だけ何度も何度も繰り返すわけです。

シャドウピッチングでは通常タオルを使いますが、この場合はバドミントンのラケットのような棒状のものがいいと思います。

バドミントンのラケットも普通の柄《え》の長いものではなく、オモチャ売り場で売っているような柄の短いラケットのほうが振りやすいのでおすすめです（写真1・2）。

なぜ、おすすめかというと、イップスの投げ方のままで腕を振ると、手の平が正面に向いているため、頭にラケットの面が当たって振れないからです（写真3・4）。

このシャドウピッチングで、ある程度フォームが固まったからといって、その後すぐにキャッチボールをしてもイップスは治りません。いや、それどころかいきなりキャッチボールをすることで、イップスの症状を悪化させかねないので、気をつけてください。

フォームが固まってきたら、次の段階としてネットなどにボールをぶつけるネットピ

ラケットを使用したイップス克服法

イップスを克服するためには、実際にボールは投げず、柄の短いラケットなどを持って、シャドウピッチングのように投げる真似だけ何度も何度も繰り返す。

イップスの投げ方のままで腕を振ると、手の平が正面を向いているため、頭にラケットの面が当たって振れない。

ッチングを繰り返します。

それも安定してできるようになってきたら、今度は壁当てです。リズムよく、投げて捕って、投げてを繰り返し、体にいい投げ方を染み込ませていくのです。

ここまでできて、はじめて実際に相手に投げるキャッチボールに移ります。この場合、キャッチボールの相手はイップスの人の目上の人、先輩、指導者などではなく、気心の知れた同級生など、暴投を投げても大丈夫な相手を選ぶようにしてください。


最後にイップスを軽症で済ませられる対処法をひとつ。

イップス的な症状が出る前に、「あれ、何か投げ方が分からなくなってきた」と感じたら、シュートを投げるイメージで手首を外側にひねりながら投げるようにしてみてください。

ピッチャーであれ、野手であれ、投げる時にシュートを意識するのです。野手の場合は、ファーストの選手などに「もしかしたら俺の投げる球、ちょっとシュートするかもしれないけど」と事前に言っておけばいいと思います。

シュートは〝手首のひねり〟の必要な変化球ですが、ストレートの手首のひねり方とよく似ています（ストレートの投げ方をより大げさにするとシュートになるわけです）。

シュートを投げることで、ストレートの投げ方を思い出す。一時的な対症療法ではありますが、効果はそれなりにありますので、ぜひ覚えておいてください。

メジャー流 36

イップスを克服するには、ひねる動作を体に覚え込ませることが重要。そのためには、バドミントンのラケットを使ったシャドウピッチングが一番おすすめ。

第5章

打つ・守る・走る

まだ、あまり知られていない最新野球理論

【打つ】

これが最先端！　正しい打撃フォーム

「バットを思いっ切り振って、ボールを遠くに飛ばす」

野球少年たちが、バッティングに感じる最大の魅力はこの一点につきます。

しかし、「バットを思いっ切り振る」のも、「ボールを遠くに飛ばす」のも、それぞれ基本があり、ただやみくもにバットを振っているだけでは、フルスイングすることもボールを遠くに飛ばすこともできません。

バッティングの基本。それは〝全身を使って打つ〟ことに他なりません。プロ野球やメジャーリーグのホームランバッターは、筋骨隆々、ムキムキの体をした選手が多く、「遠くに飛ばす」には上半身、とくに腕力が必要だと思われがちですが、決してそんなことはありません。

バッティングの飛距離を伸ばすのも、技術を向上させるのも、下半身でためた力をどれだけ上手く上半身に伝えられるかにかかっています。

足から股関節、腰のひねりを経て、肩、腕、ヒジ、手、そしてバットと、力は連動していく中で増幅されます。

インパクトの瞬間に、その力を最大にしなければ飛距離は当然伸びません。ということは、それらの動きがきちんと連動するよう基本を徹底し、正しいバッティングフォームを身につけてこそ、「バットを思いっ切り振る」ことも「ボールを遠くに飛ばす」ことも可能となるのです。

ではここで、正しいバッティングフォームとはどんなものなのか。その流れをご説明していきましょう。

①最初の構えはどんなスタイルでもいい

バットを構え、投手のフォームに合わせてタイミングを取りますが、この時の構えはそれぞれ個人差がありますから、写真1・2・3（次ページ）などどのような形でも構いません。

②踏み込む足は、足のウラがピッチャーに見えるように踏み込む

ピッチングフォーム同様、バッティングも写真4・5（次ページ）のように踏み込む足のウラが相手（ピッチャー）に見えるように踏み込みます。足をこうして内側にひねることによって股関節、骨盤が閉じ、同時に肩が開く（右バッターなら左肩、左バッタ

投手のフォームに合わせてタイミングを取る時の構えは、それぞれ個人差があるので、どのような形でも構わない。

ーなら右肩）ことが抑えられます。

③足を踏み込んだ時のトップの位置は２パターンある

足を踏み込んだ際、腕（ヒジと手）は、プロ野球の一流選手を見ても分かるように、弓矢を引くようにキャッチャー方向に伸びるタイプ（次ページ写真6）と、埼玉西武ライオンズの中村剛也選手のように、グリップの位置がほぼ変わらない選手（次ページ写真7）の2パターンに分けられます（細かく言えばその中間のタイプもいます）。

割合としては弓矢を引くようにヒジの伸びるタイプのほうが多いといえますが、それぞれにメリット、デメリットがあるので一概にどちらがいいとはいえません。弓を引く

バッティングもピッチングと同様、足のウラがピッチャーに見えるように踏み込む。足を内側にひねることによって股関節、骨盤が閉じ、同時に肩が開く（右バッターなら左肩、左バッターなら右肩）ことが抑えられる。

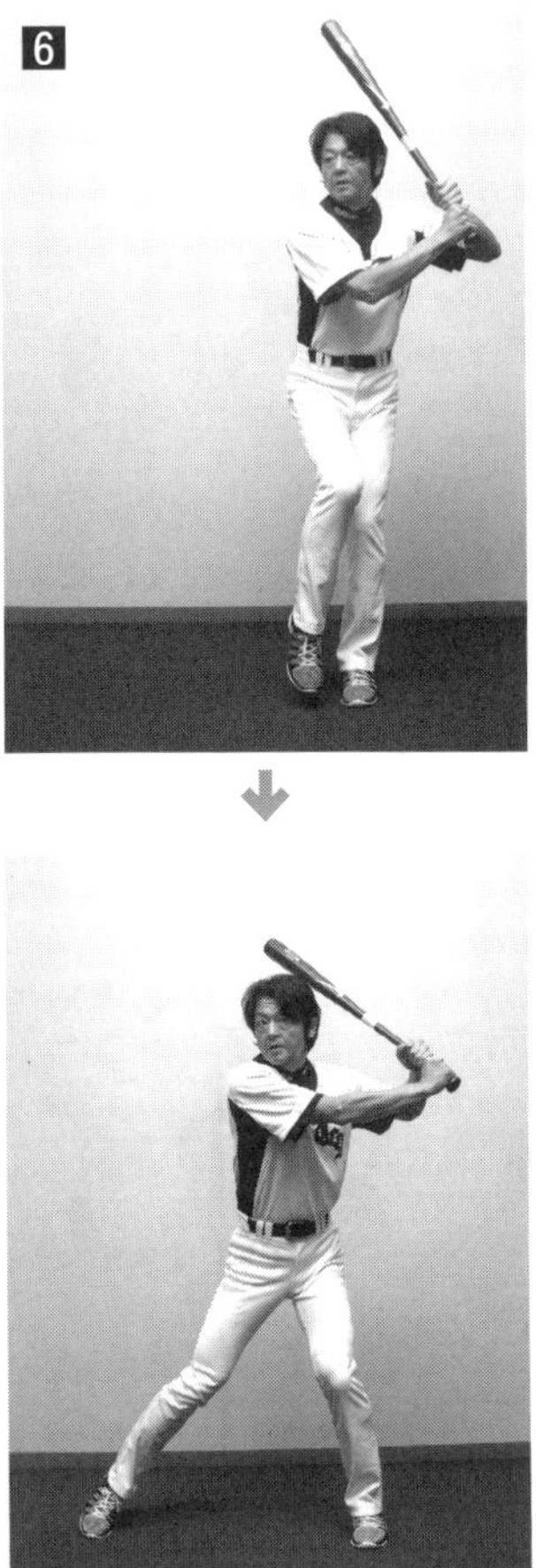

足を踏み込んだ際、腕が弓矢を引くようにキャッチャー方向に伸びるタイプ。

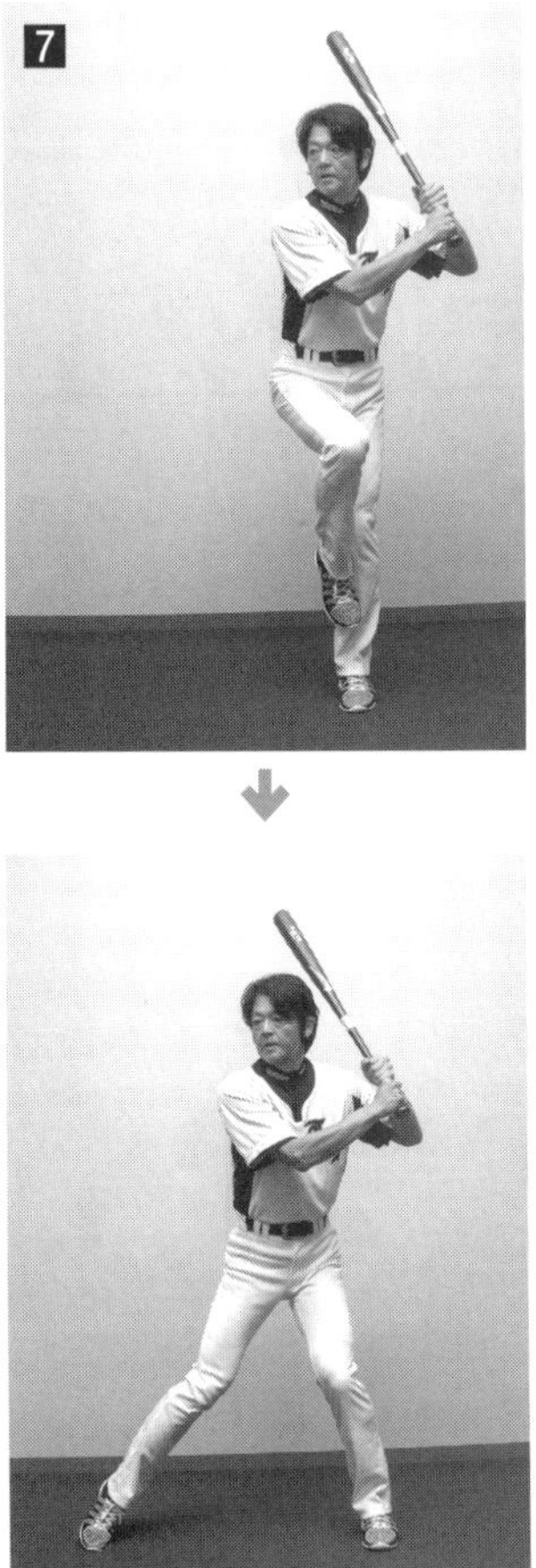

足を踏み込んだ際、グリップの位置がほぼ変わらないタイプ。

ように打つタイプは、トップからインパクトの瞬間まで距離が広がるので、確実性は中村選手タイプよりも落ちますが、テイクバックが大きく取れるので飛距離は伸びます。その選手にとってやりやすいほうでいいと思います。

少年野球の選手に多いのですが、トップの位置に入った時、手がキャッチャー方向ではなく、一塁ベンチ方向（右バッターなら三塁ベンチ方向）に引いてしまう人がいます（写真8）

こうなると、バットが遠回りして出てくることになり、流し打ちしかできないようなバッティングになってしまいます（インコースも引っ張れなくなる）ので、手を斜めに引かないよう注意してください。

8

トップの位置に入った時、手がキャッチャー方向ではなく、一塁ベンチ方向（右バッターなら三塁ベンチ方向）に引いてしまうと、バットが遠回りして出てくることになり、流し打ちしかできないようなバッティングになる。

④構えた時と足を踏み込んだ時の目の位置の落差は８㎝以内に

　細かい話ですが、ある研究結果から、構えた時（写真９）と足を踏み込んだ時の目の位置（写真10）が８cm以上開いてしまうと、高いアベレージは残せないことが分かりました。目の位置の落差が大きすぎると、当然見えているボールがブレることになりますから、バットで捉えることが難しくなるわけです。

　落差が大きくなることを防ぐには、構えた時にヒザに余裕を持たせ、ある程度目の位置を下げておくといいと思います（ヒザが伸びた状態だとそれだけ落差が大きくなるので）。

構えた時と足を踏み込んだ時の目の位置が８cm以上開いてしまうと、高いアベレージを残せない。目の位置の落差が大きすぎると、見えているボールがブレることになり、バットで捉えることが難しくなる。

⑤肩は平行、バットの角度は45度に

トップの位置に入った時、両肩は平行で、なおかつバットの角度（グリップとヘッド）は45度になるのが理想です（写真11）。一流と呼ばれるバッターの70～80％が、45度の角度になっています。

11

トップの位置に入った時、両肩は平行で、なおかつバットの角度は45度になるのが理想。

足を踏み込んだ後、軸足からひねり始め、続いて踏み込んだ足もひねるが、この時、踏み込んだ足のつま先がピッチャー方向にまで開いてしまうと、タメが作れず、上半身の開きも早くなってしまう。そうならないよう、左バッターならつま先は三遊間よりややサード寄り、右バッターなら一二塁間よりややファースト寄りになるようにする。

⑥踏み込んだ足をひねる時、つま先は三遊間方向に

足を踏み込んだ後、軸足（左バッターは左足、右バッターは右足）からひねり始め、それに続いて踏み込んだ足もひねりますが、この時、踏み込んだ足のつま先が写真12のようにピッチャー方向にまで開いてしまうと、タメが作れず、上半身の開きも早くなってしまいます。そうならないよう、左バッターならつま先は三遊間よりややサード寄り（写真13）、右バッターなら一二塁間よりややファースト寄り（写真14）になるようにしてください（写真15）。

⑦踏み込んだ足のかかとが着くと、次に軸足のかかとが上がる

踏み込んだ足のかかとが着地すると、今度は体が回転しやすいように軸足のかかとが上がります（写真16）。軸足の股関節を内側に回すことによって、上半身が連動して回転していくわけです。

踏み込んだ足のかかとが着地すると、今度は体が回転しやすいように軸足のかかとが上がる。軸足の股関節を内側に回すことによって、上半身が連動して回転する。

⑧バットを振り出す時、「ヒジはおへそに持ってくる」

バットを振り出す際、肩が下がってしまったり（写真17）、両肩が浮いてしまったり（写真18）する人がいますが、これはどちらもダメです。写真19のように、おへそに向かって左ヒジが出てくる（右打者なら右ヒジ）と、肩の高さもちょうどよくなり、バットが地面と平行になり、正しいスイング（レベルスイング）ができるようになります。「振り出す時、ヒジはおへそに持ってくる」。これが基本です（厳密に言うとおへその少し上）。さらにこの時、写真20（次ページ）のように両肩の肩甲骨が前に出てくるイメージで振ると、体の開きも抑えられ（タメができる）、いいスイングができると思います。

キャッチャー寄りのヒジをおへそに近づけることで、バットは地面と平行になります。この状態になることによって、ボールを待っている時間（ボールに対してバットを面にする時間）が長くなるので、ミートする確率がより高くなります（次ページ写真21）。ちなみにプロ野球選手の場合、アベレージヒッターはホームランバッターより早い時点でバットが水平になります。

少年野球でありがちなのですが、重いバットを使っているために、バットを水平にした時にヘッドが下がってしまう選手をよく見かけます（次ページ写真22）。

子供に力をつけさせるために、素振りなどで重いバットを振らせる指導者もいますが、それは効果がないどころか、悪いバッティングフォームを身につけさせてしまうことに

バットを振り出す際、肩が下がってしまったり、両肩が浮いてしまったりしてはいけない。おへそに向かって左ヒジが出てくる（右打者なら右ヒジ）と、肩の高さもちょうどよくなり、バットが地面と平行になり、正しいスイング（レベルスイング）ができるようになる。

この時、両肩の肩甲骨が前に出てくるイメージで振ると、体の開きも抑えられ、タメができたいいスイングになる。

キャッチャー寄りのヒジをおへそに近づけることで、バットは地面と平行になる。そうすると、ボールに対してバットを面にする時間が長くなるので、ミートする確率もより高くなる。

子供に力をつけさせるために、素振りなどで重いバットを振らせる指導者もいるが、ヘッドの下がった悪いバッティングフォームを身につけさせてしまうことになりかねない。

もなりかねません。小学生くらいの子供は、この時期に神経系が著しく発達しますが、筋力はあまりつきません。ですから、重いバットを使うより、軽いバットで速く振ることを心がけたほうが、神経の伝達スピードが上がるし、バットをコントロールする能力も上がります。

子供に重いバットを振らせるのは百害あって一利なし。指導者や親御さんはそのことを忘れないでください。

⑨両手が伸びた瞬間にヒザも伸びる

踏み込んだ足はずっと曲がったままですが、両腕が伸びた瞬間に踏み込んだ足のヒザも伸びます（写真23）。

打ち終わって手首が返った瞬間、長距離バッターは軸足に体重が残り（軸足のヒザより頭の位置が後ろにくる）、全身の形が「人」の字のような形になります（次ページ写真24）。逆にアベレージヒッターは、ボールを前で捉えようとするため、「入」の字のような形になります（次ページ写真25）。

長距離バッタータイプはアメリカ人などに多く、アベレージヒッタータイプは日本人に多いですが、長距離バッターのように軸足に体重を残すバッティングは、軸足にとても負担がかかります。日本のように練習に長い時間をかける環境だと、どうしても軸足

踏み込んだ足はずっと曲がったままだが、両腕が伸びた瞬間に踏み込んだ足のヒザも伸びるのが正しい。

打ち終わって手首が返った瞬間、長距離バッターは軸足に体重が残り、全身の形が「人」の字のような形になる。

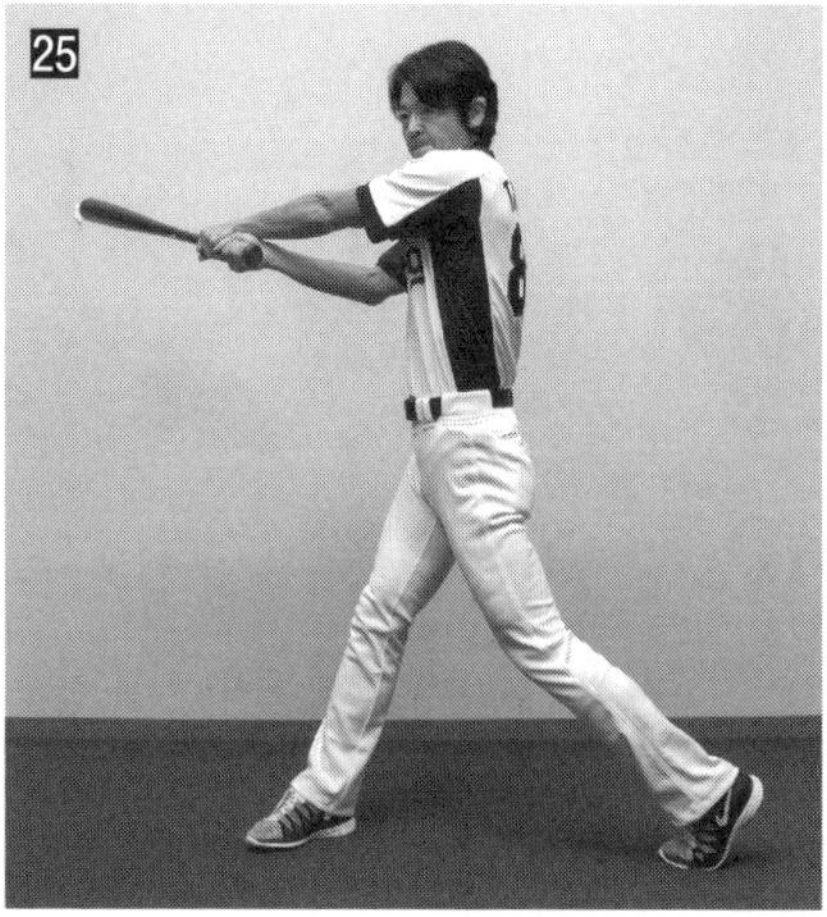

アベレージヒッターはボールを前で捉えようとするため、「入」の字のような形になる。

だけに負担がかかるのは体が拒否反応を起こしますから、自然に多くの人が、両足に同程度の負担がかかるアベレージヒッターの打ち方になってしまうのだと思われます。

さらにこのフィニッシュの時、長距離バッターには「トーアップ」と言って、つま先が上がるタイプが多いです（次ページ写真26）。福岡ソフトバンクホークスの柳田悠岐選手もトーアップができているバッターですが、こうすることによってフォロースルーの振り幅がより広がり、パワーをボールに伝える効果がアップします。ただ、振り切る前につま先が上がると（次ページ写真27）、体が早く開いてしまうことになるので注意しましょう。

補足として、長距離バッターには写真28（次ページ）のように左ヒジ（右バッターは右ヒジ）を上げて打つ選手が多いことを付け加えておきます。こうすることで、トップの位置からインパクトまでのバットが移動する距離が長くなり、より大きなパワーを伝えられるのです。日本人はどちらかというと、写真29（次ページ）のようにヒジを閉じているバッターが多いですね。

メジャー流 37

バッティングの基本。それは〝全身を使って打つ〟こと。足から股関節、腰のひねり、肩、腕、ヒジ、手、そしてバットと、力が連動していくように基本を徹底して練習する。

フィニッシュの時、長距離バッターには「トーアップ」と言って、つま先が上がるタイプが多い。こうすると、フォロースルーの振り幅がより広がり、パワーをボールに伝える効果がアップする。

振り切る前につま先が上がると、体が早く開いてしまうことになるので注意が必要。

長距離バッターには、左ヒジ（右バッターは右ヒジ）を上げて打つ選手が多い。こうすることで、トップの位置からインパクトまでのバットが移動する距離が長くなり、より大きなパワーを伝えられる。

日本人は、どちらかというとヒジを閉じているバッターが多い。

鋭いスイングは骨盤の回転から生まれる

バッティングでの下半身の重要性は、ここまで述べてきた通りです。足を踏み込んでから、軸足を内側にひねることによって骨盤も連動して回り、打撃のパワーを生み出します。

このパワーをさらにアップさせる上で有効な練習が、ここで紹介するバランスボールを使った練習です。

まず、バランスボールを太ももの間に挟みます（次ページ写真1）。そこから普通にスイングし、スイングをしながら思いっ切り両足でバランスボールを挟みつけ、全力でボールを挟んだままフィニッシュで3秒間停止します（次ページ写真2）。これを20～30回繰り返した後、実際にバッティングをすると、股関節と骨盤の回転力が増し、ブーンと力強く振れる鋭いスイングができるようになります。

小学校低学年の選手にはちょっと難しいかもしれませんが、高学年や中学生の選手にはぜひおすすめしたい練習方法です。

足を踏み込んでから軸足を内側にひねることによって、骨盤も連動して回り、打撃のパワーを生み出す。バランスボールを使った練習をすれば、このパワーをさらにアップできる。

簡単にできるドアスイングの矯正

バッドのヘッドが遠回りして出る、いわゆる「ドアスイング」を修正するのに最適な練習方法をご紹介しましょう。

やり方は実に簡単です。指導者

バランスボールを使用した打撃練習法

バランスボールを太ももの間に挟み、スイングをしながら思いっ切り両足でバランスボールを挟みつけ、フィニッシュで3秒間停止。これを20～30回繰り返した後、実際にバッティングをすると、股関節と骨盤の回転力が増し、力強く鋭いスイングができるようになる。

正しいバットスイングを身につける練習法1

指導者が選手の前に立ち、インコース高目に目標物を持って行き、選手はスイングしたグリップエンドをそこに当てる。正しいバットスイングは、グリップエンドからバットが出てくる。その正しい感覚を身につけるための練習。

が選手の前に立ち、インコース高目（インハイ）のところに目標物（バットなど）を持って行き、選手はスイングしたグリップエンドをそこに当てるだけです（前ページ写真1）。正しいバットスイングは、グリップエンドからバットが出てきます。その正しい感覚を身につけるために、この練習方法はとても有効です。

写真にあるように、インハイに向かってグリップを当てようとすると、バットが平行になります。この時に、バットのヘッドが下がると本末転倒ですから注意してください。つまり、この練習方法を用いれば、ドアスイングが修正できるだけでなく、打撃の基本であるレベルスイングを身につけることもできるのです。

写真2のように、スタンドティーを使ってもこの練習はできます。インハイの位置にボールを持ってきて、それをグリップエンドで落とす。最初は、ボールを落とすところまでを何度も練習するようにしましょう。そしてある程度、グリップエンドから出る感覚が体に染み込んだら、今度はボールを落とした後もバットを最後まで振り切るようにします。

また、写真3のように、大き目のボールをインハイに投げてもらい、それをグリップエンドで打ち返す練習も「動いているボールを打つ」という意味において効果的ですし、

正しいバットスイングを身につける練習法2

スタンドティを使って、インハイの位置にボールを置き、グリップエンドで当てて落とす。最初はボールを落とすところまでを何度も練習し、バットがグリップエンドから出てくる感覚が体に染み込んだら、今度はボールを落とした後もバットを最後まで振り切るようにする。

正しいバットスイングを身につける練習法3

大き目のボールをインハイに投げてもらい、それをグリップエンドで打ち返す練習も、「動いているボールを打つ」という意味において効果的。

楽しく練習できると思います。
これらの練習を繰り返せば、ちょっとずつドアスイングは修正できるはずです。

メジャー流 39

正しいバットスイングは、グリップエンドからバットが出てくる。この動きをマスターするためには、インハイに目標物を置き、そこにグリップエンドをぶつける練習が有効。

［守る］

千本ノックの〝身になる〟やり方

最近はあまり聞かなくなりましたが、「千本ノック」はしごきの練習メニューとして昔からおなじみです。

プロ野球のキャンプなどでは、今でも度々行われている千本ノック。私は千本ノックを頭から否定する気はまったくありません。きちんとしたやり方で行えば、確実に効果は得られると思います。

どんなにスポーツ科学が進んだとしても、新しい技術を身につけるためには「最高の集中力を持って、気が遠くなるくらい反復練習する」ことが欠かせません。
ただ、その「気が遠くなるくらいの反復練習」のやり方が非常に重要で、このやり方を間違えれば、いくら練習したとしてもそれは「無駄な努力」となってしまうのです。

何時間もかけて、休むことなくただひたすらノックを受け続けるような練習は、意味をなしません。意味をなさないどころか、その練習をしたことで以前より下手になってしまう可能性すらあります。

スポーツにはさまざまな動きがありますが、メインで動く筋肉とそれをサポートする筋肉、この2種類の筋肉がそれぞれの役割を担いつつ稼動することで、いろんな動きが可能となります。

しかし、千本ノックのように疲労の限界を超えて動き続けなければならないような練習では、すべての筋肉が同時に稼動せざるを得ず、これでは鍛えたい筋肉を鍛えることができませんし、正しい動きもまったく身につきません。

「正しい努力」をしたいのであれば、1000本受けるにしても10本刻み、多くても20本刻みで休憩を入れながら受けるのがベストなやり方でしょう。

つまり1000本を一気に受けるようなノックではなく、「10本100セット＝10

00本」という感覚で練習をすればいいのです。

日本のプロ野球のキャンプでは〝特守〟として、千本ノックがよく行われています。しかし、先述したようにあのようなノックでは、正しい技術、動きは決して身につきません。

ニューヨーク・メッツでコーチをしていた時、私は「あ、これが正しい〝特守〟だ」と感じたことがありました。

一日中練習している日本のキャンプと異なり、メジャーリーグのキャンプは9時のアップから始まり、昼すぎには終わります。

とはいえ、これは全体練習の話で、午後は個々の選手がそれぞれ目的を持って練習する時間に当てられています。もちろん、昼までの練習で上がってしまう選手もたくさんいます。要は「練習する、しない」の判断はすべて選手の側に委《ゆだ》ねられているわけです。

午後の練習の開始前。セカンドのレギュラーとして活躍していたエドガルド・アルフォンゾ（後のスーパースターですが、この頃はまだ駆け出しの若手でした）が、ホワイトボードに「エクストラ・ディフェンス（特守）」と記入し、クッキー・ロハスという名内野守備コーチからノックを受けることになりました。

「エクストラ・ディフェンス」という文字を見て、私は「メジャーでも特守をするんだ」と思い、興味があったのでどんなノックをするのか見ていました。

するとセカンドの守備についたアルフォンゾは、ロハスコーチに「正面に打って」「次は左側に打って」「次は右側」といった具合に打球のリクエストをし、ロハスコーチは言われる通りの場所にノックを打っていきます。

ノックの主導権はロハスコーチではなく、アルフォンゾにありました。一球ごとにアルフォンゾとロハスコーチは言葉を交わしながら、その時の動き方は正しかったか、どう動くのが最善だったのかを確認していました。

しばらくしてアルフォンゾが「ランダムに打って」と注文し、ノックを数本受けると「OK、今日は終わりにします」とロハスコーチに告げ、メジャー流の特守は終わりました。

日本ではややもすると、指導者の押しつけによって練習が成り立っているようなところがあります。要は主眼が「やる気のある選手」ではなく、「やる気のない選手」に置かれているわけです。

しかし、メジャーでは選手が自分で考え、コーチに手伝ってもらって上手くなろうとしていました。

やる気のある者だけが生き残るサバイバルゲーム。アメリカと日本のプロ野球、どちらがプロフェッショナルとして正しいやり方なのかを、私はメジャーの特守を見て理解しました。
プロ野球もメジャーも、名手と呼ばれる人たちに共通しているのは「基本を徹底して練習する」点です。
千本ノックにしても、ただダラダラと受け続けるのではなく、受ける側がしっかりと目的意識を持ち、基礎の反復練習という意味で10本1セットを何度も繰り返す。野球が上手くなるのに近道はありません。地味な基礎練習をどこまで徹底してできるか。練習は「やらされる」ものではなく、「自らやる」ものなのです。

メジャー流 40

非科学的な千本ノックを科学的かつ効果的に行うには、10～20本刻みで休憩を入れながら行うのがベスト。「10本100セット＝1000本」という感覚で練習をすればいい。

【走る】

盗塁の上手い選手は足のウラのバランスがいい

靴の進化、さらに舗装《ほそう》された道の普及などによって、現代人の〝足〟は昔よりも動きが悪くなっていると言われています。

足の動きの中でも、一番劣ったと考えられているのが〝足の指〟の動きです。

現代人は裸足になる機会も少なくなり、デコボコの場所を裸足で歩くような機会はめったにありません。そういった環境の変化によって、足の指を動かすことのできない子供たちがものすごい勢いで増えています。

足の指が上手に使えないということは、足のウラのバランスが悪くなることを意味しています。

千葉ロッテマリーンズでコーチをしていた頃、選手たちの足のバランスを調べたことがあります。

当時、盗塁数が一番多かったのは西岡剛選手（現・阪神タイガーズ）でしたが、普通に30m走のタイムを計ると、西岡選手より速い選手がふたりほどいました。

西岡選手は30m走ではふたりに劣るのに、なぜ盗塁数が多いのか。それは彼の〝スタートダッシュ〟のよさに秘密がありました。さらに調べていくと、西岡選手とその他のふたりには大きな違いがあることが分かったのです。

西岡選手の足は、図A・Bのように足のウラ3点にバランスよく重心がかかっていましたが、その他のふたりは図C・Dのように足のかかとに重心が来ていました。

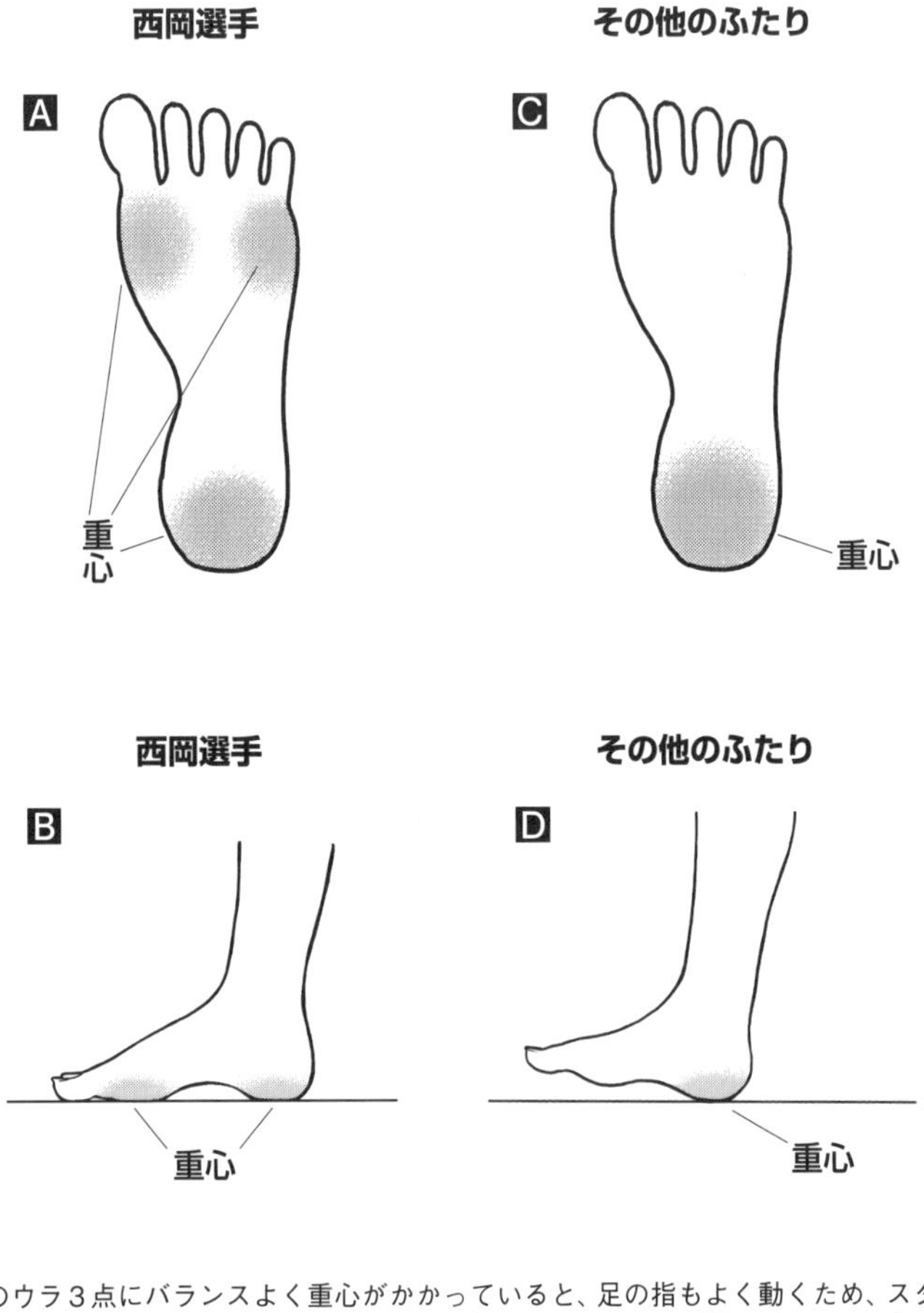

足のウラ３点にバランスよく重心がかかっていると、足の指もよく動くため、スタートの時に足の指が土を噛むように動く。片や、かかとだけに重心のあるタイプは、足の指で地面を効率よく蹴ることができないため、どうしてもスタートダッシュで遅れてしまう。

西岡選手は足の指がよく動くため、スタートの時に足の指が土を噛むように動きます。片や、かかとに重心のあるタイプは、足の指で地面を効率よく蹴ることができませんから、どうしてもスタートダッシュで西岡選手に負けてしまうのです。

メジャー流 41

盗塁数が多いのは〝スタートダッシュ〟がいいから。その理由は足のバランスにあり、つま先とかかとに重心があるのが理想。現代人はかかとだけに重心のある人がとても多い。

足の指が地面を噛む力を高める
——タオルギャザー

実は今、一般の人たちの中にも、この「かかとだけに重心」のかかっているタイプがとても増えています。

そこでこの項では、足の指の動きをよくするための簡単なトレーニングをご紹介したいと思います。

足の指を動かすことは、脳の活性化にもつながると言われています。ですから、野球をしているお子さんだけでなく、お父さん、お母さんたちも一緒にトレーニングしてみましょう。

椅子などに腰掛けた状態で、床にタオルを敷きます（新聞紙などでも代用可能です）。タオルの上に足を置き、後は足の指の力だけでタオルをたぐり寄せていくだけです（写真1）。

この時、かかとがタオルから離れてしまったり、かかとの位置がずれたりしないように気をつけてください。

とにかく足の指だけで思いっ切りタオルをたぐり寄せる。とくに親指に意識を置いてください。それが基本です。

両足一度にやってもいいですし、片足ずつでもOK。慣れない最初のうちは片足ずつでやるようにするといいでしょう。

メジャー流 42

かかとだけに重心のかかっている人は、足の指が上手く使えていない。そんな人たちには、足の指の動きをよくするために、タオルを足の指でたぐり寄せる練習がもっとも効果的。

タオルギャザー

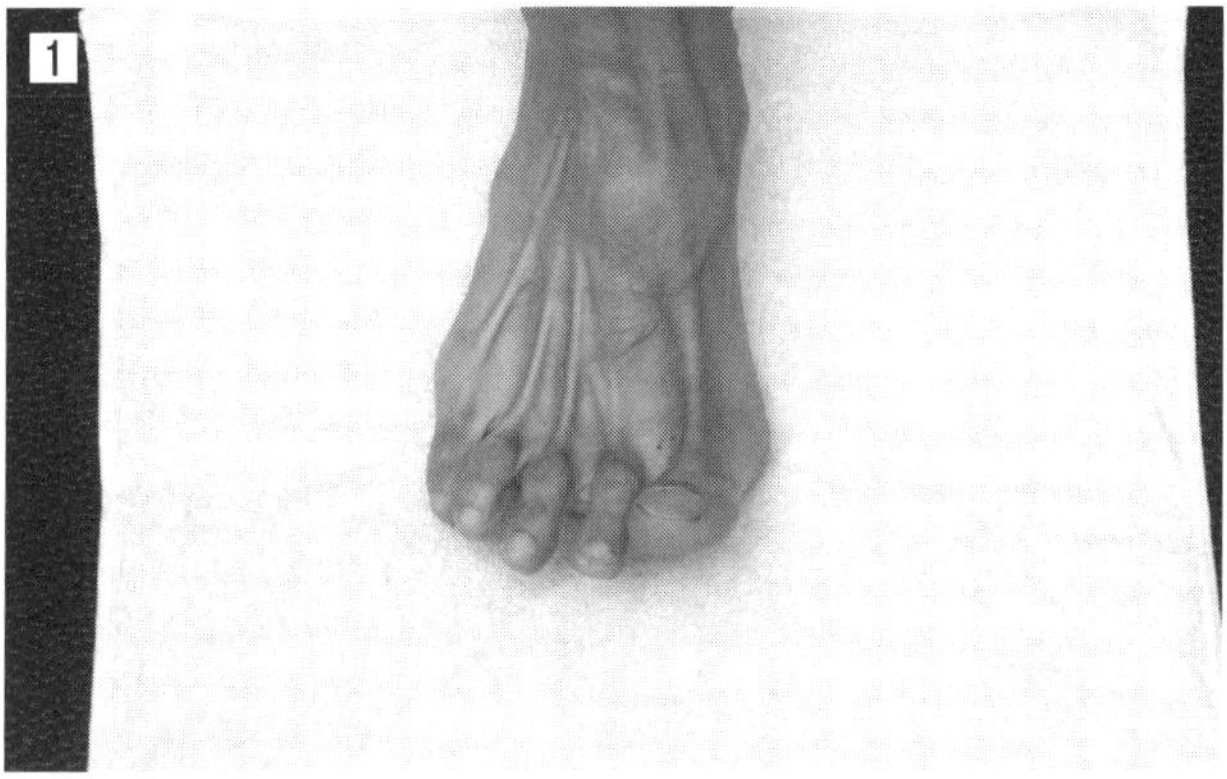

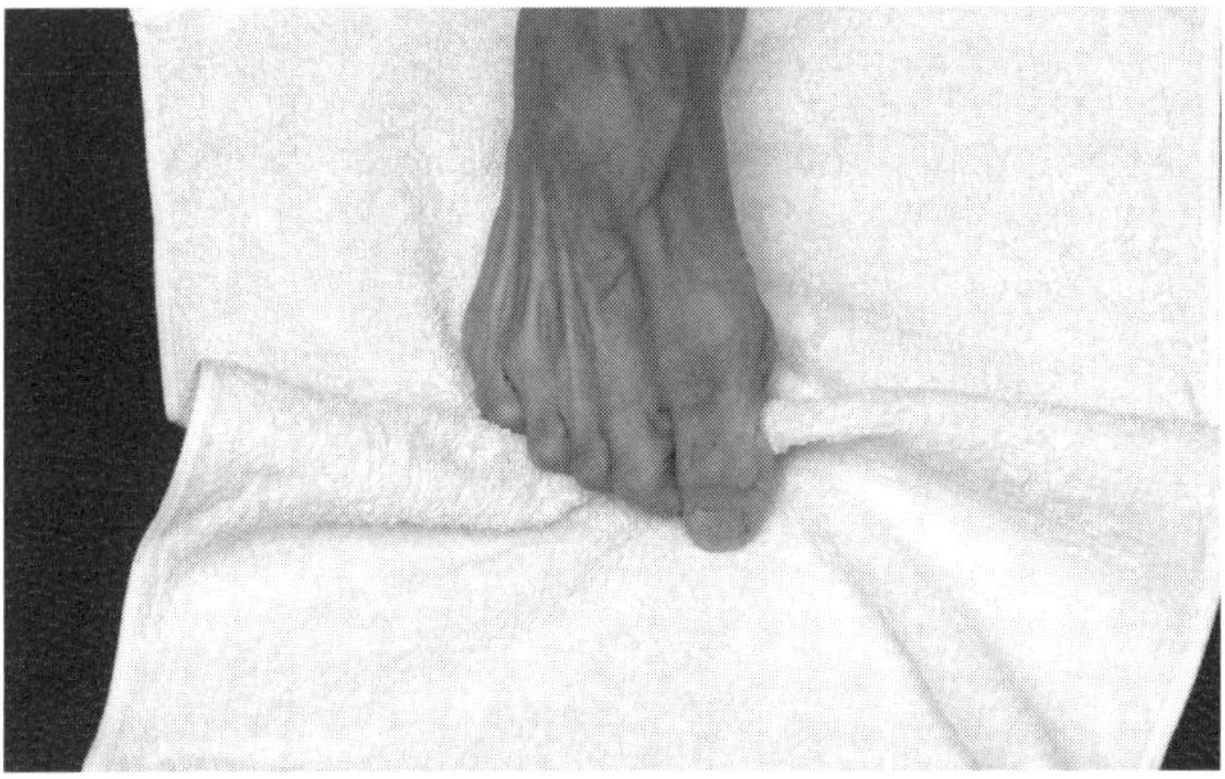

椅子などに腰掛けた状態で床にタオルを敷き、その上に足を置いて、足の指の力だけで思い切りタオルをたぐり寄せる。このトレーニングをやることで、足の指の動きがよくなり、脳の活性化にもつながる。

第6章

体の仕組みを理解しよう

子供の才能を開花させるために

メジャーとプロ野球
――アメリカと日本のスポーツ文化の違い

アメリカの野球少年たちが「野球好き」になったのは、上から押しつけられるような指導をそれまで受けてこなかったことが最大の理由でしょう。

日本では「管理野球」という言葉に代表されるように、あくまでも主体は指導者の側にあり、とくに昭和のスポーツ界の指導法には、選手自らが動くという〝自発性〟を促すような指導方針はまったく感じられません。

また、アメリカの少年たちが「野球好き」になった理由として、もうひとつ挙げておきたいことがあります。

それは、日本とアメリカの「スポーツ文化」の違いです。分かりやすく言えば、「スポーツをする環境の違い」といってもいいかもしれません。

アメリカでは「アメリカンフットボール」「バスケットボール」「ベースボール（野球）」が三大スポーツと呼ばれており、その他にもアイスホッケーやサッカーなど、さまざまな種目のプロリーグが存在します。

日本では武道などの影響でしょうか。スポーツをするにしても、ひとつの道を突き詰めていくようなところがありますが、アメリカにはそのような概念はまったくありません。

春から秋には野球、秋から冬はアメリカンフットボール、冬にはアイスホッケー、冬から初夏にかけてはバスケットボールと、住み分けがきちんとできていますから、子供たちはシーズンに合わせて自分のやりたいスポーツを選択します。

野球好きな少年たちにとって、野球は春から秋にしかできないスポーツです。やりたくても限られた期間しかできないため、彼らが朝から晩まで野球をしたくなる気持ちもよく分かります。

アメリカの子供たちは幼少時にいろんなスポーツを経験し、その中から自分の好きな種目、自分に向いている種目を選んでいきます。

ちなみに、アメリカの小学生たちが最初にやるスポーツはサッカーです。ルールも覚えやすく、体に負担の少ないサッカーを、まずは子供たちに遊び感覚で教えるわけです。

小学生の中には、最初は4〜5種目のスポーツをする子も少なくありません。高校から大学へと進んでいくうちにそれがふたつくらいになり、やがてひとつに絞られていく。

アメリカのスポーツ教育は、小学校から大学までの間に、自分の好きなスポーツ、自分の能力を一番引き出せるスポーツに自然と気付けるような、たどり着けるようなシステムになっているのです。

何事も長続きさせるには、すべてをやり尽くさず、「腹八分目」の状態で続けていくことが大切ではないでしょうか。

アメリカの野球少年たちも、プレーできるシーズンが限られているからこそ、その日、その日に一生懸命になる。長続きさせるためには、「まだやりたい」「もっとやりたい」といううちにやめさせる、ある種の〝見極め〟も重要です。

また、詳しくは後述しますが、子供には「ゴールデンエイジ」と呼ばれる年齢があり、その期間にいろんなスポーツを経験させると、運動神経がもっとも発達することが科学的な研究からも分かっています。

アメリカでは子供たちをスポーツ好きにする環境と、彼らの運動神経をさらに発達させるシステムが、ごく自然に構築されていたのです。そう考えれば、アメリカがオリンピックなどの世界大会でも、さまざまな種目に強いのもうなずけます。

メジャー流 43

アメリカは小学校から大学までの間に、自分の能力を一番引き出せるスポーツに気付けるシステム。この教育法が、子供たちの運動神経をさらに発達させている。

幼少期はいろんなスポーツに取り組もう

ちなみに日本では、小学生のうちからスポーツをするにしても「何かひとつに絞る」ような選択が迫られます。最近でこそ、並行して2~3種目のスポーツに取り組んでいる子供もいますが、レベルが高くなればなるほど「ひとつに絞る」ことを強要される風潮はまだ色濃く残っています。

私が中学3年生でオールジャパンに選ばれ、アメリカ遠征した際は、全米各地で計12戦（対戦相手は各地の選抜チーム）を行いましたが、日本は9勝1敗2分けの好成績を収めました。

しかし、考えてみればこれも当たり前のことで、私たちオールジャパンのメンバーはそれこそ一年中、朝から晩まで野球をやっているわけです。

でも、アメリカの選手たちが野球に取り組むのは、春から夏くらいと期間が限られていますし、日本のように細かい野球（サインプレーやバント、スクイズなど）をすることもありません。

ピッチャーであれば、細かい制球力はないけれど、たまにコーナーギリギリに決まるストレートがとにかくすごい。バッターであれば、2ストライクと追い込まれても当てるようなバッティングは絶対にしません。とにかくいつもフルスイング。そんな感じですから、もちろん三振も多いのですが、バットの芯を食った時の「どこまで飛んでいくんだ」というアメリカ人の破格のパワーは、未だに鮮明に記憶に残っています。

アメリカの野球を間近に見て、カルチャーショックを受けることが度々ありました。例えば、ウォーミングアップひとつ取ってみてもそうです。私たちオールジャパンの選手たちは1時間前にはグラウンドに到着し、アップからキャッチボールまでをきっちりこなします。

しかし、アメリカの選手たちは集合時間もバラバラ。アップやキャッチボールもバラバラ。中にはシートノック開始の時間になってやっと集まってくる選手もいます。それでも、監督やコーチなどから何のおとがめもありません。

「アメリカ人はいい加減やなぁ」

これが正直な私の印象でした。

さらに、当時（30～40年前）の日本のスポーツは「練習中の水分補給はご法度」でした。どんなにきつくても、休憩にならなければ水分は補給できません。今考えると恐ろしいことですが、試合中の水分補給などもってのほかでした。

ところが、です。アメリカの選手たちは試合中に水をガブガブ飲んでいます。私たち日本の選手たちは、「ピッチャーは試合が終わったらヒジは冷やすな」と言われていたのですが、アメリカのピッチャーは投げ終わったら氷の入ったバケツにヒジを入れて冷やしています。

選手の集合がバラバラなのは別にして、水分補給やヒジを冷やす行為は、アメリカではごく当たり前に行われていました。当時の私には理解できないことばかりでしたが、アメリカと日本はそれほどまでにスポーツ文化（教育）に差があったのです。

幼少期からいろんなスポーツを経験することで、運動神経が磨かれ、さらにそれぞれのスポーツのよさを知ることができ、自分の可能性にも気付くことができます。

日本では、ひとつの種目がダメだと「あなたはスポーツに向いていません」と評価されることになってしまいますが、アメリカでは「この種目がダメでも、こっちの種目は向いているんじゃないか？」と選択肢が次から次へと現れます。

アメリカのように、4つも5つもとは言いません。でも、せめて2つか3つのスポーツに並行して取り組めるような風土と環境を、日本も作っていく必要があるのではないでしょうか。

メジャー流44

日本の子供は、ひとつのスポーツがダメだと「すべて×」と評価されてしまう。一方、アメリカは「この種目がダメでも、こっちがある」と選択肢が次から次へと現れる。

運動神経が飛躍的に伸びる「ゴールデンエイジ」とは？

運動神経がもっともよく発達する10歳前後の時期を、スポーツ医学の世界では「ゴールデンエイジ」と呼んでいます。

図Aの通り、10歳前後までは反応力の発達がピークを迎え、次に中学生の頃に持久力の発達がピークを迎えます。筋力が効果的に伸びていくのは16歳以降となりますから、中学までは神経系と持久力の強化に取り組んでいけばいいのです。

ゴールデンエイジと呼ばれる10歳前後までは、反射神経も含め、神経系が飛躍的に伸びていく時期となります。

この頃に巧緻性《こうちせい》（頭で思い描いた通りに自分の体を使える、動かせる能力。つまり体を器用に動かす能力）が伸びるわけですから、ひとつのスポーツだけにとらわれず、さまざまなスポーツを経験させてあげることが大切になってきます。

異なる種目を経験し、いろんな体の使い方をしていく中で巧緻性は磨かれ、自分の体を上手にかつ自由に操れるようになっていくのです。


また、ゴールデンエイジの時期に運動神経を伸ばすその前段階の準備として、「プレ・ゴールデンエイジ」の重要性も知っておく必要があります。

2～3歳から小学校入学前くらいまでの、プレ・ゴールデンエイジをどう過ごすかによって、ゴールデンエイジになってからの運動神経の伸び具合に大きな差が出てきます。プ

A 年齢による能力の発達量の変化

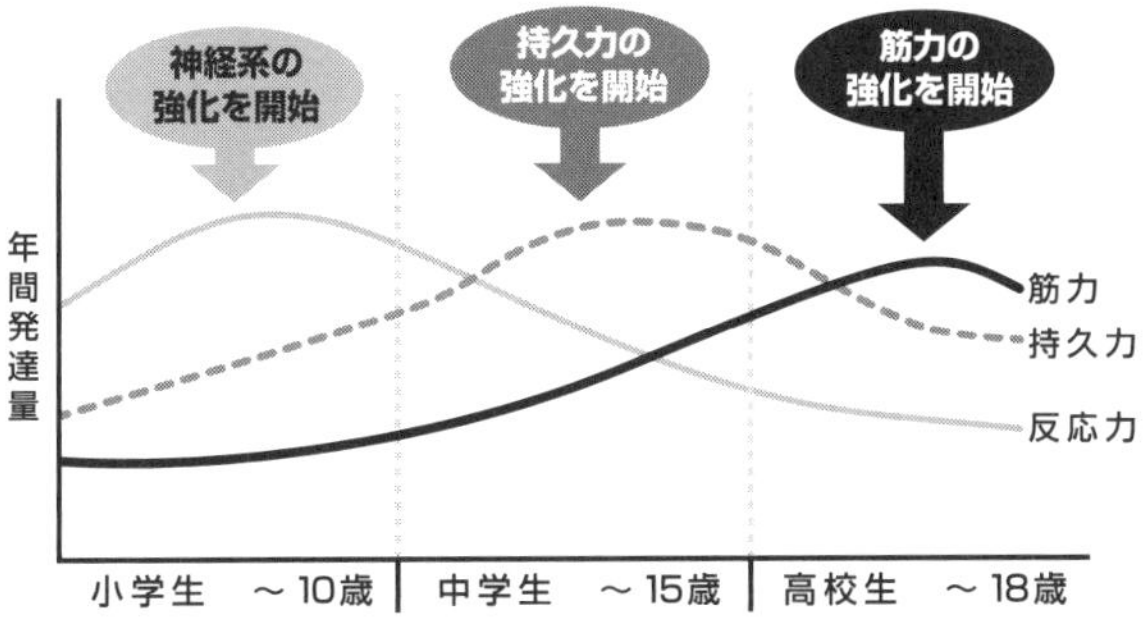

ゴールデンエイジと呼ばれる10歳前後までは、反射神経も含め、神経系が飛躍的に伸びていく。この頃に巧緻性が伸びるので、ひとつのスポーツだけにとらわれず、さまざまなスポーツを経験させてあげることが大切。

レ・ゴールデンエイジの時期には、走る、投げる、蹴る、打つなど、あらゆる動きをまんべんなくさせる必要があります。

しかも、それを「無理矢理させる」のではなく、子供のほうから「やりたい」と思わせてさせなければ意味がありません。

柔らかいボールやバットを使い、お父さんとお母さんが家の中で野球をしていたら、まず間違いなく子供は食いついてくるはずです。

それを飽きない程度にやらせ、次にまた違った動きの種目をやらせる。そうやって、簡単な動きをいろいろと経験させることがプレ・ゴールデンエイジには重要で、それがゴールデンエイジでの〝伸び〟につながるのです。

メジャー流 45

運動神経がもっとも発達する10歳前後の時期を、「ゴールデンエイジ」と呼ぶ。この頃に思った通りに体を使える能力が伸びるので、さまざまなスポーツを経験させることが大切。

異なるスポーツを楽しむことで可能性が広がる

ゴールデンエイジの時期に取り組むスポーツの種目数ですが、理想を言えば4種目はやってほしいと思っています（例えば、野球、バスケットボール、サッカー、水泳といった具合）。

複数の種目を子供にさせる場合、その種目を好きになってもらうには、何よりも「その道のプロ」の姿を間近で観せることがもっとも効果的です。

野球なら、プロ野球の試合を観せてあげればいいでしょうし、サッカーやテニスもプロの試合はいくらでも観ることができます。

スタンドから観る生の試合は、テレビでは決して味わえないダイナミズムを体感することができ、これは必ず子供にいい影響を及ぼすと考えます。

複数の競技に取り組む場合、一番注意していただきたいのが「過密スケジュールにならないようにする」ことです。

のびのびと、子供たちにいろんなスポーツに取り組んでもらうのは、その子の可能性を広げていくためのひとつの手段に過ぎません。

しかし、親御さんが一生懸命になるあまり、その〝手段〟が〝目的〟となってしまい、逆に子供たちを苦しめる結果になってしまうような例が、最近多く見られるようになってきました。

午前中は水泳の大会で、午後は野球の試合。試合が終わってからもさらに居残りの特訓。このような一昔前のスポ根マンガのようなやり方をしても、その子の将来にとっていいことは何ひとつありません。


また、過密スケジュールと同じく、ハードなトレーニングも絶対に禁物です。

ゴールデンエイジの時期は、成長するためのエネルギーの多くを骨の成長に費やします。骨の成長は「軟骨の繁殖と骨化」の繰り返しから成り立っており、過度の筋力トレーニングは、この「軟骨の繁殖と骨化」を妨げることになるので注意が必要なのです。

筋力トレーニングは筋肉に刺激を送り、筋肉を強くしていきます。その筋肉は骨に付着していますから、ゴールデンエイジの時期に筋肉を収縮しすぎると、骨の成長を阻害することになってしまうのです。

ゴールデンエイジの時期のおすすめしたいトレーニングは、適度な「ストレッチ」です。筋肉を伸ばし、柔軟性を保つストレッチは、軟骨にかかる負担を和らげる効果があるだけでなく、ケガの防止などにもつながりますから、毎晩寝る前に前屈ストレッチや股関節のストレッチの他、肩、腕など、簡単なストレッチをやるようにするといいでしょう。おすすめのストレッチをP232から紹介しているので、毎日やるようにしてください。

メジャー流46

ゴールデンエイジの時期に取り組むスポーツの数は4種目が理想。ただ、複数の競技に取り組む場合、過密スケジュールにならないように注意することも大切。

中学生までは筋肉の鍛えすぎは絶対にダメ！

子供の骨には骨端線《こったんせん》と呼ばれる、成長するための軟骨部があり、ここから軟骨細胞が繁殖、肥大、石灰化して骨が成長していきます。

大人の骨と子供の骨を比べた図Aを見てください。

一番左側のイラストは、成長の終わった大人の骨（上腕骨・ヒジから肩にかけての骨）です。この図を見れば、成長中の子供の骨（同じ上腕骨です）が、いかに小さいかよくお分かりいただけると思います。

骨の上部と下部を拡大した部分を見てください。それぞれの骨の矢印の部分が、先述した骨の成長を促す骨端線と呼ばれる部位です。

ここから軟骨細胞が繁殖することによって、骨は長軸方向に成長していきます。横軸方向には、骨のまわりを覆う骨膜から軟骨細胞が繁殖し、骨を太くしていきます。

骨端線と骨膜によって人間の骨は成長していくわけですが、加齢とともに骨端線も骨膜もその働きを終えます（男性は中学・高校生くらい）。骨の成長が終われば、次に「筋肉」が発達するようになるのです。

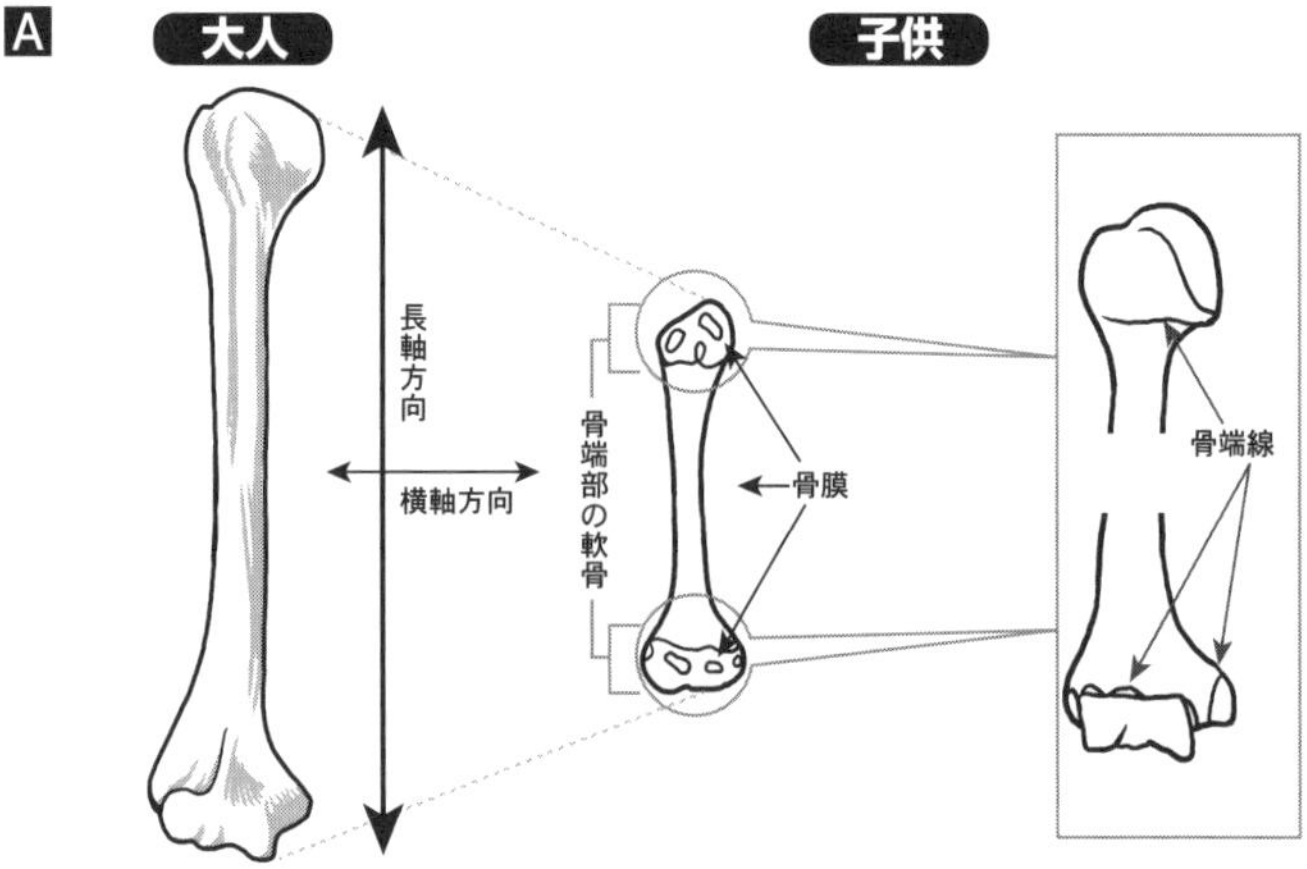

軟骨細胞が繁殖することによって、骨は長軸方向に成長していき、横軸方向には、骨のまわりを覆う骨膜から軟骨細胞が繁殖し、骨を太くしていく。軟骨細胞が繁殖中の子供に、筋力トレーニングなどのハードなトレーニングを課すのは、絶対にNG。

大人の野球選手には、筋力トレーニングなどのハードなトレーニングは必要です。しかし、軟骨細胞が繁殖中の子供にハードなトレーニングを課すのは、絶対にやめてください。

骨の成長は、軟骨の繁殖と骨化の繰り返しで成り立っています。筋肉は骨に付着しているものですから、子供の筋肉は「柔らかい骨」に付着していることになります。

ハードな筋力トレーニングは、当然のことながら筋肉を強く引っ張ることになります。柔らかい骨に付着した筋肉を強く引っ張るということは、ぬかるんだグラウンドに生えている草を引っ張るのと同じです。

乾いたグラウンドに生えている草と、ぬかるんだグラウンドの草。抜くとしたらどちらのほうが簡単でしょう？　当然のことながら、ぬかるんだ土のほうが地面の締まりが緩くなっていますから、草も簡単に抜けてしまいます。

子供の骨と筋肉の関係は、ぬかるんだグラウンドの地面と草の関係とまったく同じです。

激しい筋トレをすれば、筋肉に引っ張られることによって骨がめくれてきます。そういった動作を何回も繰り返していれば、それはやがて「はく離骨折」にもつながります。はく離骨折してしまうと、子供の成長エネルギーは骨の成長ではなく、骨折を治すほうに回ってしまい、骨は成長することができなくなってしまいます。

適度なトレーニングは骨を成長させますが、過度なトレーニングは逆に成長を阻害することになるので、絶対にしないようにしてください。


私の経験から言えば、中学生までは過度なトレーニングは必要ないと思います。インナーマッスルをチューブで鍛えるのはいいですが、重量のあるダンベルやバーベルを持ち上げるようなトレーニングは、高校生になってからで十分です。

腕立て伏せなどの自分の体重を使った筋力トレーニングも、やりすぎは禁物です。軽い負荷によって20～30回できるトレーニングが、子供にとって「ほどよいトレーニング」と言えます。全力でやっても数回～10回しかできないような動きは、体に負荷がかかりすぎていますから、あまりやらないようにしてください。

例えば、腕立て伏せを7～8回しかできない子がいたとしたら、そういった子はヒザをついた状態で腕立て伏せをすればいいと思います。

ヒザをつければ腕にかかる重さが軽減され、きっと20回くらいは難なくできるでしょう。そのくらいの負荷が、小学生にはちょうどいいのです。

「筋肉の鍛えすぎは絶対にダメ！」

小・中学生のトレーニングは、これを合言葉にしていただきたいと思います。

メジャー流47
小学生が激しい筋トレをすれば、筋肉に引っ張られることによって骨がめくれてしまう。小学生は軽い負荷のかかる程度のトレーニングでOK。筋肉の鍛えすぎは絶対にダメ！

継続は力なり
——楽しく続けて才能を伸ばす「プレーニング理論」

筑波大学で私が大変にお世話になった長谷川聖修先生（筑波大学大学院人間総合科学研究科コーチング学専攻教授）の唱える理論に「プレーニング理論」というものがあります。

「プレーニング」とは、「トレーニング」と「プレー（遊び）」をかけた造語なのですが、その造語が示すとおり、「プレーニング理論」は、遊び感覚でトレーニングをすると、必死にトレーニングする以上の効果が得られることを証明しています。

長谷川先生によると、「プレーニング理論」では体幹トレーニングなどに使われる

「バランスボール」に注目し、これを「トレーニング」としてやる場合と、「プレー（遊び）」でやる場合に分け、その効果がどの程度違うかを節電図によって調べたそうです。

すると驚いたことに、筋肉の運動量を表す波形は必死の形相《ぎょうそう》で取り組んだトレーニングも、遊び感覚でボールに乗った時もほぼ同じだったそうです。歯を食いしばって行っていたような最大レベルのトレーニング効果が、遊び感覚でも十分に得られることが分かったのです。

日本では「遊び」と「トレーニング」という概念は、対極のものとして捉えられています。私が子供の頃は、練習中に笑っていようものなら「練習中に歯を見せるな！」とよく怒られたものです。

もちろん、チーム内には一定のルールや規律が必要ですから、締めるところは締めなければいけないのは分かります。

しかし、歯を食いしばって必死の形相でやるトレーニングと、遊び感覚で取り組めるトレーニング。このふたつを比べた時、子供たちにとってどちらが長続きするかといえば、それは私がここで述べるまでもないでしょう。

プレーニングの素晴らしい点は、「トレーニングしている」と思わせずに、トレーニング以上の効果を上げるところにつきます。

これは少年野球などの練習にも生かせる部分が多々あり、例えば10～20ｍ程度の短いダッシュを選手たちに何十本もやらせるのと、「鬼ごっこタイム！」として、30分程度選手たちを走り回らせるのとでは、同等の効果が得られるわけです。
ダッシュメニューを毎週繰り返すよりも、たまには「鬼ごっこ」を取り入れながら、選手たちに楽しんで練習してもらう。これからのコーチングには、そのような「楽しんで練習してもらう」という視点が欠かせないと思います。

メジャー流48

歯を食いしばって必死の形相でやるトレーニングよりも、遊び感覚で取り組めるトレーニング＝プレーニングのほうが長続きする。小学生の練習にはプレーニングを取り入れる。

スポーツ研究所から羽ばたいていったメジャー＆プロ野球選手たち

大学卒業後の1987年、私は大阪の「ダイナミックスポーツ医学研究所」に就職し、そこでトレーニングやリハビリテーションを実践しつつ、専門的な知識をさらに蓄えていきました。

研究所で、私は〝野球選手担当トレーナー〟として、600人ほどの選手のリハビリやトレーニングに付き合いました。

600人のうちの400人は小・中学生です。私は研究所に勤めて、初めて小・中学生にケガの多いことを知りました。

肩やヒジを痛め、手術を受けた選手もたくさんいました。手術にも何度となく立ち会い、その度に「何でこんな小さな体にメスを入れなければいけないんだ」といたたまれない気持ちになり、「ひとりでも多くの選手を救いたい」と思うと同時に「手術しなければならないような選手を決して出さない指導、教育を日本に広めなければならない」と心に誓いました。

手術からの復帰は根気強く、地道なトレーニングを続けていかなければいけません。私は復帰を目指す選手たちをサポートしつつ、「どうしたら選手たちがケガをしなくて済むようになるか」「どんなトレーニングをすればケガを防止できるのか」をより突き詰めて考えるようになりました。

ちなみに、この研究所でトレーニングをしていた子供で、後にプロ入りした野球選手はたくさんいます。

主だったところでは、今季メジャーから広島東洋カープに戻ってきた黒田博樹投手、その他には42歳で現役を続けるオリックス・バファローズの谷佳知選手、さらに引退した選手では元木大介さん、佐伯貴弘さん、伊良部秀輝さん（故人）、薮田安彦さんなどがいます。

この選手たち以外にも、まだまだ挙げればキリがないほどたくさんの選手が、「野球が上手くなるためのトレーニング」や「ケガのしにくい体を作るトレーニング」を覚え、メジャーやプロ野球に羽ばたいていったのです。

メジャー流 49

「ひとりでも多くの選手を救いたい」「手術しなければならないような選手を決して出さない指導、教育を日本に広めなければならない」と思う指導者が全国に増えるのが理想。

身長を伸ばすには、バランスの取れた食事とゴロ寝

私は身長が186cmあります。父は身長が174cmほどあって、父の世代の中では大きなほうでしたし、息子は私よりも身長が高い。こうやって親子三代を見ると、立花家

は身長が高くなる血筋なのかもしれません。

全国各地で講演もよく行いますが、そこでよく「身長を伸ばすにはどうしたらいいのですか?」という質問を受けることがあります。

私は身長の高い家系に育ちましたが、実際に食生活などを思い起こしても、そのうちの何が身長を伸ばすことにつながったのかはまったく分かりません。


骨の成分となるカルシウムを豊富に摂ることは、身長を伸ばす上で最低限しなければならないことなのは間違いありません。

寝ている間は成長ホルモンが分泌《ぶんぴつ》されますから、よく寝ることも大切です。さらに私は普段から家にいる時は「ゴロゴロ寝ている」ほうがいいと思っています。

地球には重力がありますから、立っている状態だと、その重力によって上へ伸びる力は重力に押さえつけられてしまいます。

しかし、寝ている状態であれば、たとえそれが一時であったとしても重力から開放されるわけです。

「寝る子は育つ」と言いますが、食事や勉強している以外の時間、とくにテレビなどを見ている時は、「ゴロゴロと寝ている」状態でいることをおすすめします。

栄養学的観点から言うと、カルシウムを摂取した場合、ビタミンB2がその骨化を促してくれます。

ビタミンB2は体の中の皮膚組織に近いところで作られており、太陽光線を浴びることによってビタミンB2の生成がより盛んになります。

つまり、子供はカルシウムをたっぷり摂取しつつ、外で日差しを浴びながら遊ぶのが一番なのです。

身長を伸ばすのに必要なこととしてよく言われることに、「牛乳を一日1リットル飲め」と言われたりもしますが、一番肝心なのはバランスの取れた食事を摂ることであり、カルシウムばかり摂ればいいというわけでは決してありません。

バランスの取れた食事を心がけつつ、カルシウムは多めに。そして昼間は外で遊び、家にいる時はゴロゴロしている。それが身長を伸ばすコツと言えるのかもしれません。

メジャー流 50

身長を伸ばすには、何よりもバランスの取れた食事を心がける。そしてカルシウムを多めに摂取する。その上で、昼間は外で遊び、家にいる時はゴロゴロ。これがおすすめ。

第7章

ケガをしない体作り

メジャー流トレーニングを実践

なぜ「インナーマッスル」を鍛えるのが大事なのか？

「インナーマッスル」とは、体の表面ではなく、骨に近い部分についている細い筋肉群のことを言います。ちなみに体の表面に広がる、太く大きな筋肉のことを「アウターマッスル」と言います。

インナーマッスルは、関節と関節をつなぎ合わせる役目をしている筋肉で、要するに関節を安定させるための筋肉と言っていいでしょう。

インナーマッスルの役割を理解していただくには、体温計を振って温度を下げる動きや、扇子で自分を扇《あお》ぐ動き、さらには靴をブラシで磨く動きなどをしてもらえばすぐに分かります。

いずれも、手首やヒジの関節を内側、外側にひねりながら動かしていますよね。これらすべて、関節をひねるために重要な役割を果たしているのが、インナーマッスルと呼ばれる筋肉なのです。

野球にとくに関係が深いのは肩のインナーマッスルですが、図Aのように肩甲骨の前面には肩甲下筋が、肩甲骨のウラ面には棘上筋、棘下筋、小円筋などの筋肉があり、これらが腕の骨と肩甲骨をつなぎ合わせ、肩関節が滑らかに動くように機能しています。

腕を振ったり、足で蹴ったりする時のパワーを発揮するのは大きなアウターマッスルですが、力を入れた時にインナーマッスルがしっかりしていないと、フルパワーを発揮できないばかりか、関節の動きがおかしくなって故障を起こす原因にもなります。

「関節の動きを正しく保つ」ために行うのが、インナーマッスル強化の理由です。筋力トレーニングというと、どうしてもアウターマッスルを鍛えがちですが、それ以上にインナーマッスル

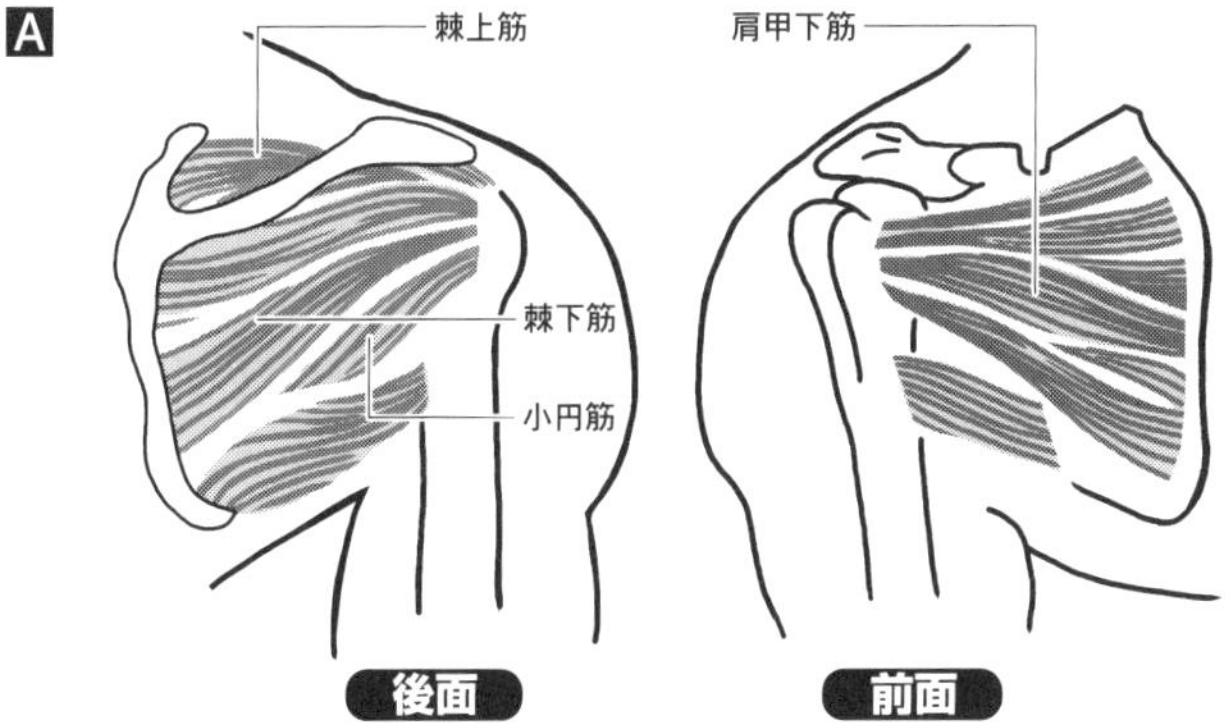

インナーマッスルは、関節と関節をつなぎ合わせる役目をしている筋肉で、関節を安定させるための筋肉。力を入れた時にインナーマッスルがしっかりしていないと、フルパワーを発揮できないばかりか、関節の動きがおかしくなって故障を起こす原因にもなる。

の強化はとても重要なのです。

インナーマッスルの強化は、チューブなどを用いてできるだけ軽い負荷で行います。何キロもあるダンベルを上げるといった通常の筋力トレーニングのような負荷にすると、パワーの源であるアウターマッスルのほうが先に働いてしまい、その下にあるインナーマッスルを効率的に鍛えることができなくなってしまいます。

インナーマッスルを強化するには、「軽くて楽な運動」を繰り返すしかありません。インナーマッスルの鍛え方については次の項で解説しますので、そちらを参考にして、ケガをしない体作りを心がけてください。

メジャー流 51

インナーマッスルは関節と関節をつなぎ合わせる役目をしている。インナーマッスルを強化することで関節の動きが正しく保たれ、ケガの防止にもつながる。

ケガをしない体作り
——チューブトレーニングとお風呂の中での簡単トレーニング

前項で解説した、肩のインナーマッスルを強化するためのチューブトレーニングを、ここでご説明します。

使用するのはスポーツショップなどで販売されているチューブで、一番軽い負荷のものでOKです。

やり方は外旋と内旋の2種類。ヒジを約90度に曲げてチューブを握り、外旋は内から外へ、内旋は外から内へと、チューブを速く引いてゆっくり戻します。

この時、必ず畳んだタオルを脇に挟むようにしてください。こうすることによって、肩甲骨と腕の骨の位置関係が正しくなり、無理なく肩の関節を動かせるようになります。トレーニングの効果をより高めるために、タオルは必ず脇に挟むようにしてください。

それでは、外旋のトレーニングから始めてみましょう（次ページ写真1）。この時、チューブの反対側は柱などに結びつけてもいいですし、誰かに持ってもらってもOKです。軽い負荷がかかる程度の距離で行ってください（離れすぎると、負荷がかかりすぎてしまいます）。

外旋は息を吐きながら外側に向けてチューブを速く引き（次ページ写真2）、ゆっくりと戻します。次に内旋です（次ページ写真3）。今度は息を吐きながらチューブを内側に速く引き（次ページ写真4）、ゆっくりと戻します。

チューブトレーニング（外旋）

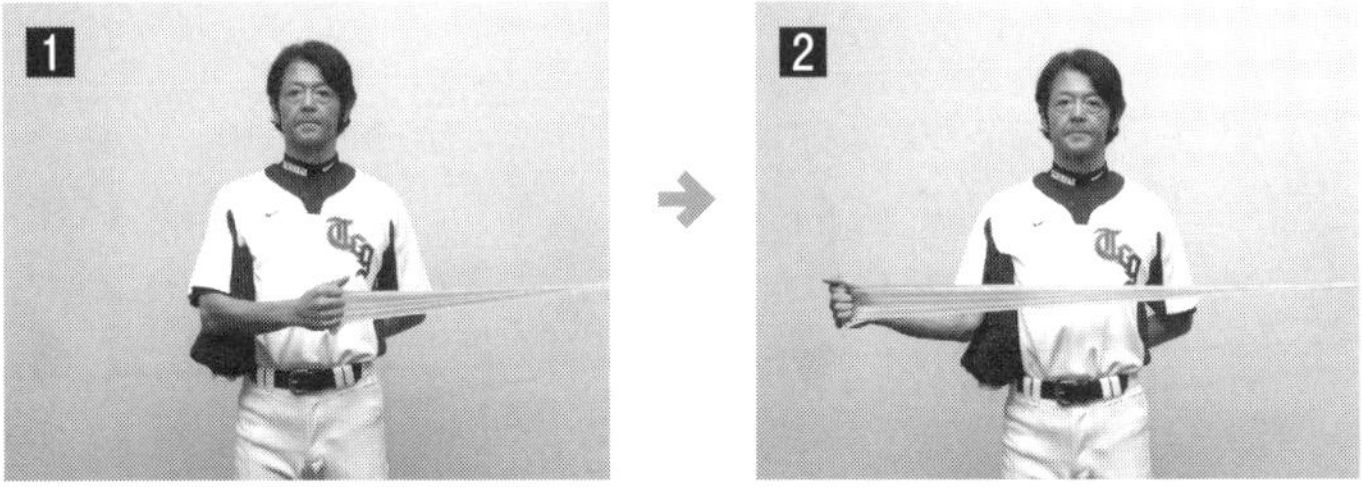

肩のインナーマッスルを強化するトレーニング。チューブは一番軽い負荷のものでＯＫ。ヒジを約90度に曲げてチューブを握り、息を吐きながら外側に向けてチューブを速く引き、ゆっくりと戻す。

チューブトレーニング（内旋）

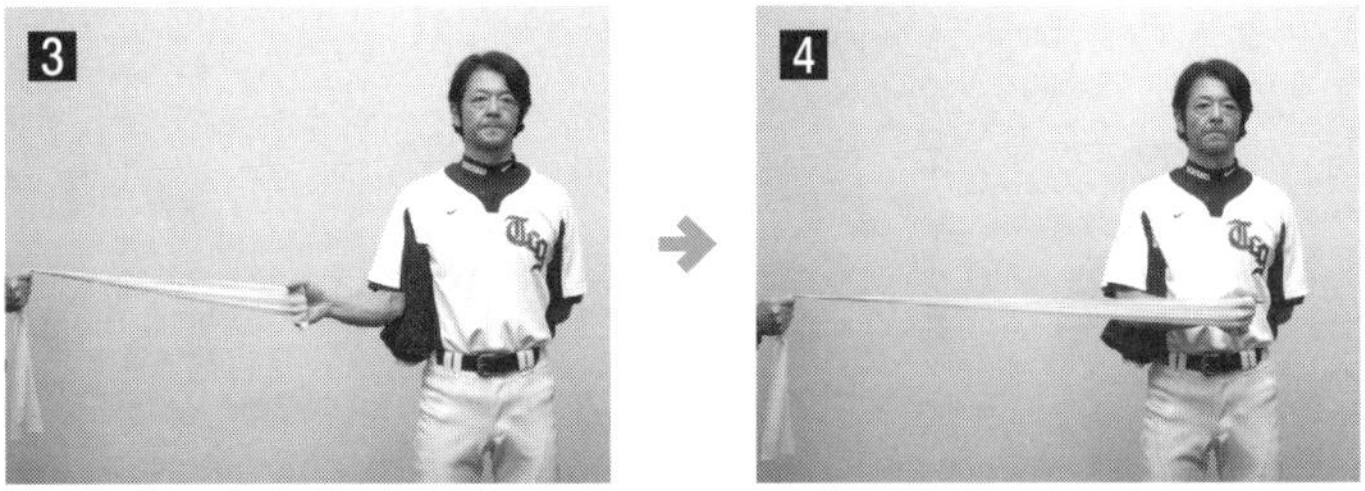

ヒジを約90度に曲げてチューブを握り、息を吐きながら内側に向けてチューブを速く引き、ゆっくりと戻す。畳んだタオルを脇に挟むと、肩甲骨と腕の骨の位置関係が正しくなり、無理なく肩の関節を動かせるようになる。

小学生であれば左右各20回程度で十分です。

これを毎日続けるようにしてください。


この外旋、内旋の運動はお風呂の中でもできます。

湯船に浸かりながら、写真5（次ページ）にあるように手の平を左右に振ります。この時も脇にタオルなどを挟むとより効果的です。

この運動は左右30回ずつ×2セットを目安にしてください。

また、湯船の中でできる運動として、ヒジの靭帯を守る筋肉を強化する運動もご紹介しておきましょう。

これは手首を湯船の中で左右に振る運動です。写真6（次ページ）のように、手首を固定して、手の平を左右に振ってください。（左右各50回）

さらに、手の平を上に向けて握力も鍛えます。写真7（次ページ）のようにパー、グー、パー、グーと繰り返してください（左右各50回）。

この運動をすることによって、野球でケガをしやすいヒジの内側の筋肉が鍛えられ、それが靭帯を守ることになります。

体の筋肉はバランスが大切なので、「右利きだから右だけやればいいや」ではなく、必ず左右、両方をやるようにしてください。

お風呂でのトレーニング（外旋・内旋）

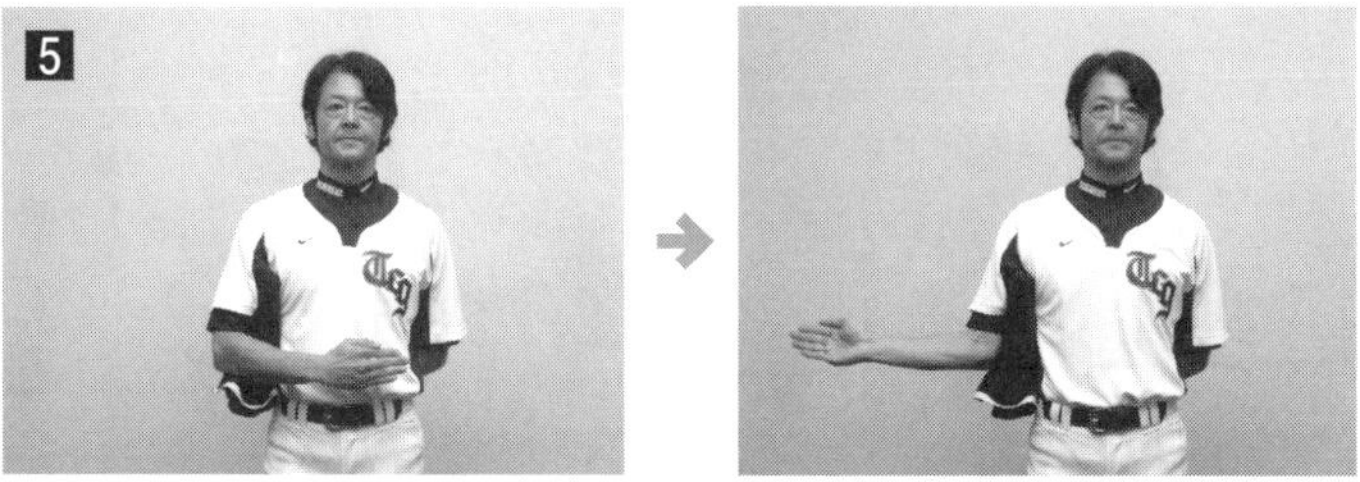

チューブトレーニングと同様に、水の抵抗を負荷にして、手の平を左右に振る。

お風呂でのトレーニング（手首）

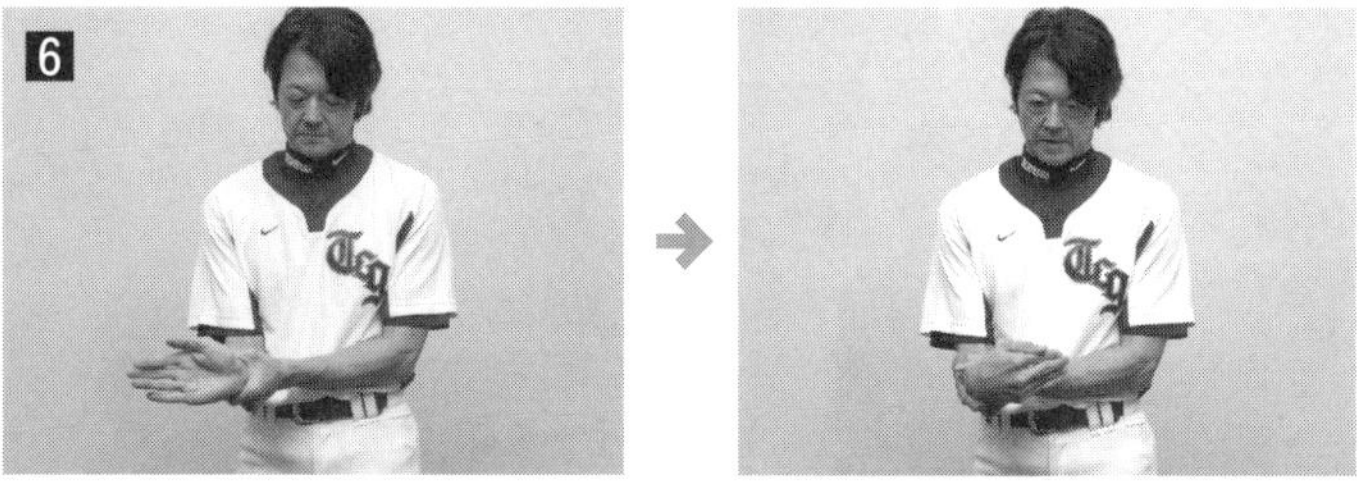

手首を固定して、手の平を左右に振る。

お風呂でのトレーニング（握力）

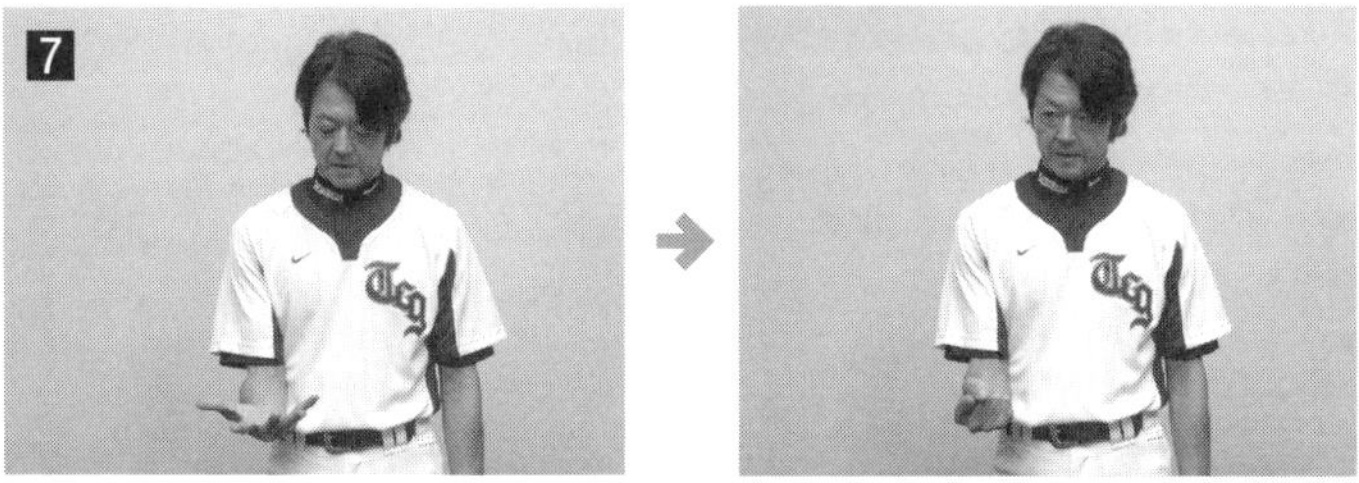

手の平を上に向けてパー、グー、パー、グーと繰り返し、握力も鍛える。

メジャー流 52 インナーマッスルを強化するためには、チューブトレーニングがもっとも有効。使用するチューブは、スポーツショップなどで販売されている一番軽い負荷のものでOK。

股関節を柔らかくしてメジャー級にパワーアップ！
――ヒップローテ・サイドステップ

投げる時、打つ時、どちらの動きにも共通しているのが「股関節のひねり」です。股関節のひねりが〝タメ〟を生み、そのタメが体の速い回転を生み出すもととなります。

そこで重要になってくるのが、股関節の柔軟性です。

ここで紹介する「ヒップローテ・サイドステップ」は、股関節の柔軟性を高め、打つ時、投げる時の股関節の動きをスムースにしてくれます。

やり方は簡単です。

写真1→2（次ページ）とヒザを内側に入れながら、左右の足でステップを繰り返していくだけです。注意点としては、ヒザを内側にひねると同時に、足のウラを外側に向

ヒップローテ・サイドステップ

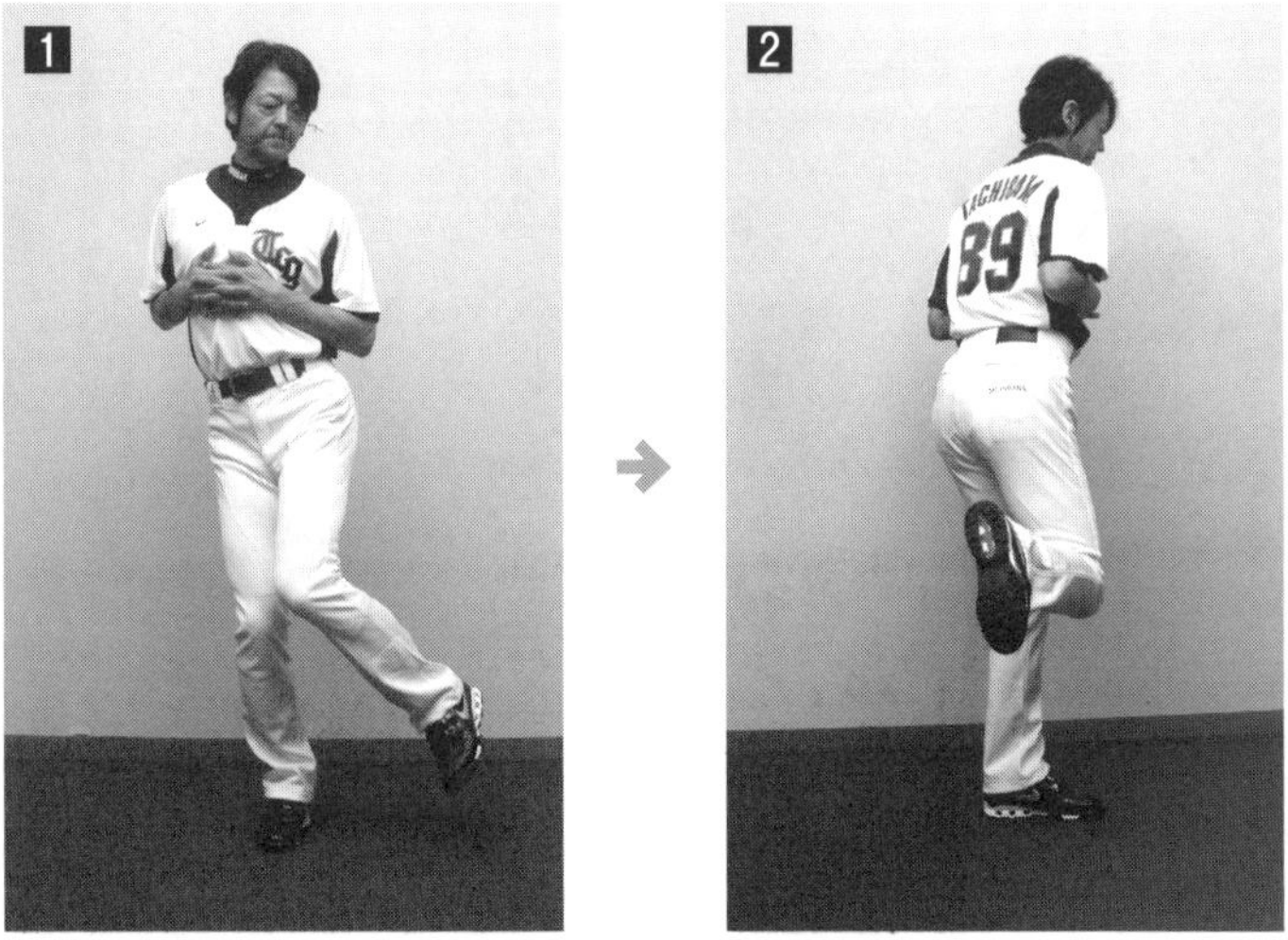

股関節の柔軟性を高め、打つ時、投げる時の股関節の動きをスムースにするトレーニング。ヒザを内側に入れながら、左右の足でステップを繰り返す。ヒザを内側にひねると同時に、足のウラを外側に向けるようにステップする。写真１は正面からで、写真２は横から見た形。

けるようにステップしてください。

メジャー流53

投げる時も打つ時も、股関節のひねりが〝タメ〟を生み、体の速い回転を生み出すもととなる。そのために重要な股関節の柔軟性を「ヒップローテ・サイドステップ」で高める。

ケガの防止には風呂上りのストレッチが効果的

小学生から中学生にかけては子供の成長期にあたり、骨の急成長にともなって筋肉が引っ張られ、体が硬くなる時期でもあります。

体が硬くなれば、それだけケガもしやすくなりますから、成長期に体の柔軟性を保つことはケガの防止にもとても有効です。

体の柔軟性を高めるのに一番効果的なのは、風呂上りにストレッチを行うことです。

プロ野球の世界で長く活躍している選手、ケガをしにくい選手を見ていると、風呂上りに必ずストレッチをしています。

40度くらい、ややぬる目のお湯に15分くらい浸かると、体をリラックスさせる副交感神経の働きが高まり、体の筋肉も緩んだ状態になります。ですから、風呂上りにストレッチをすることがとても効果的なのです。

それでは、ここで風呂上りにやってほしいストレッチをいくつかご紹介します。次ページからの写真の通りの姿勢をそれぞれ20秒ほど、それを左右やるようにしてください。

①太もものウラとお尻（写真1－A・B）
②内転筋（写真2）
③太ももの前面（写真3－A・B・C・D）
④腰のひねり（写真4－A・B）
⑤エビ反り（腹筋を伸ばす・写真5）
⑥背中を伸ばす（写真6）
⑦肩の側面を伸ばす（写真7－A・B）
⑧肩の前面を伸ばす（写真8－A・B）
⑨肩の後面を伸ばす（写真9－A・B）
⑩前腕（ウラ・写真10）

⑪前腕（オモテ・写真11）
⑫背中に枕などを入れて胸椎のストレッチ（写真12）
⑬バットを使って肩、ヒジのストレッチ（写真13－A・B）
⑭バットを使って肩、ヒジ、肩甲骨のストレッチ（写真14）
⑮股関節（写真15－A・B）

メジャー流 54

40度くらいのややぬる目のお湯に15分ほど浸かると、副交感神経の働きが高まり、体の筋肉も緩んだ状態になる。風呂上りにストレッチをするのはとても効果的。

腰のひねり

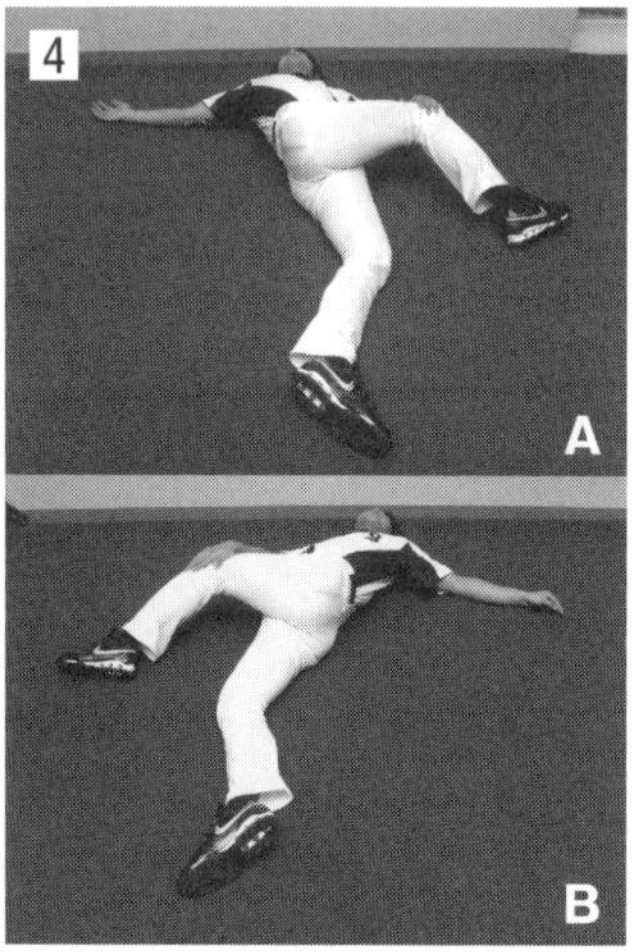

エビ反り（腹筋を伸ばす）

顎を上に向けて体を反らせると、さらによい。

背中を伸ばす

肩の側面を伸ばす

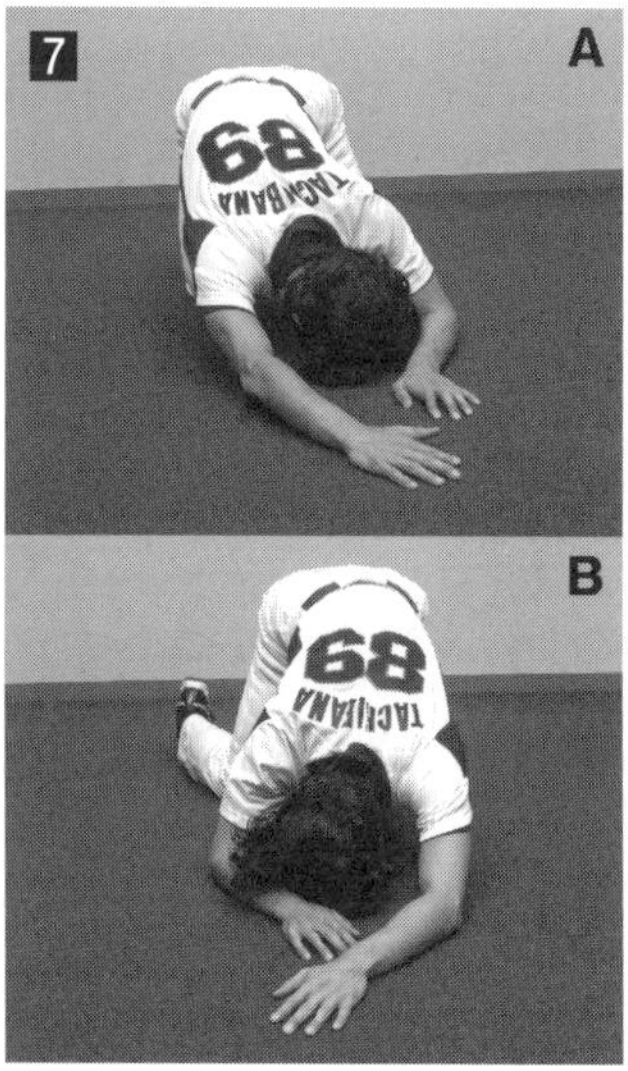

太もものウラとお尻

内転筋

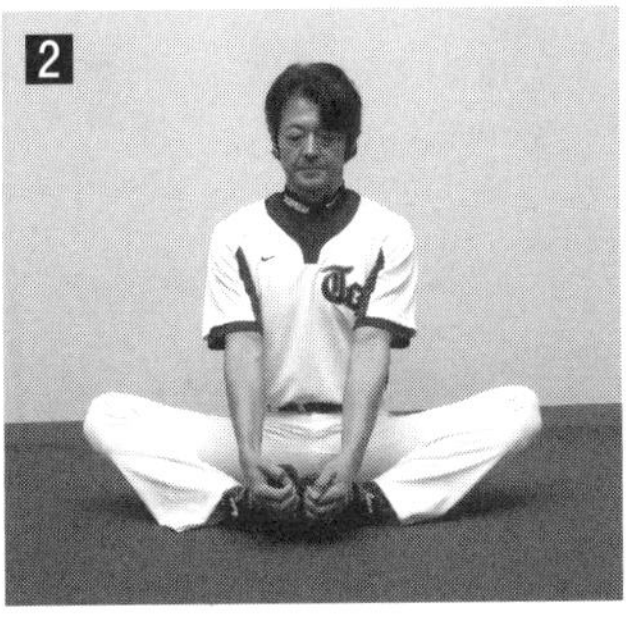

太ももの前面

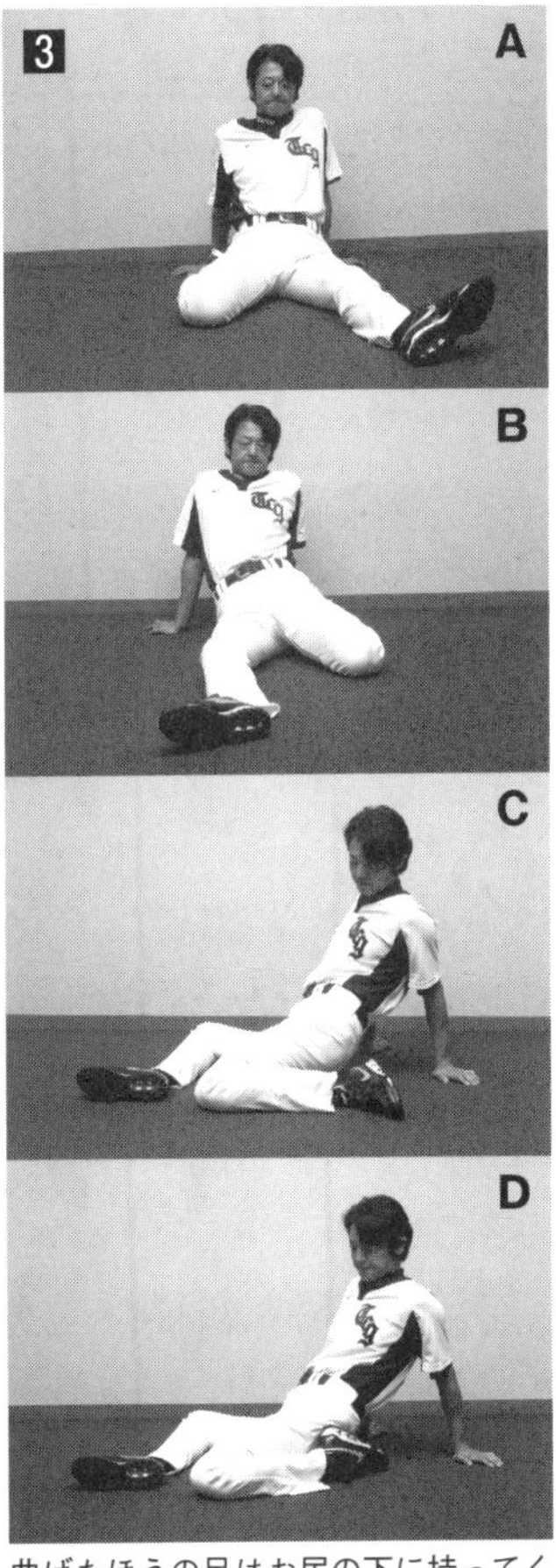

曲げたほうの足はお尻の下に持ってくることで、太ももの前面の筋肉をより伸ばす。

背中に枕などを入れて
胸椎のストレッチ

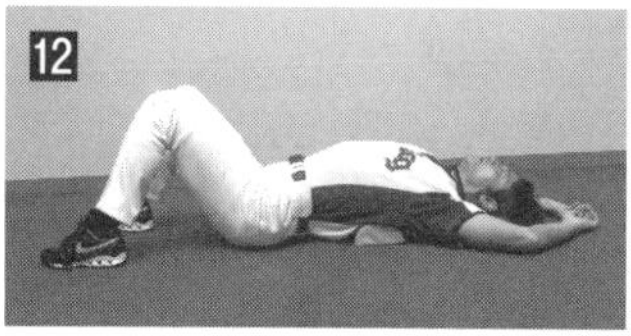

投手が投げる瞬間の胸を張る形を作るために、胸椎をしならせる。

バットを使って
肩、ヒジのストレッチ

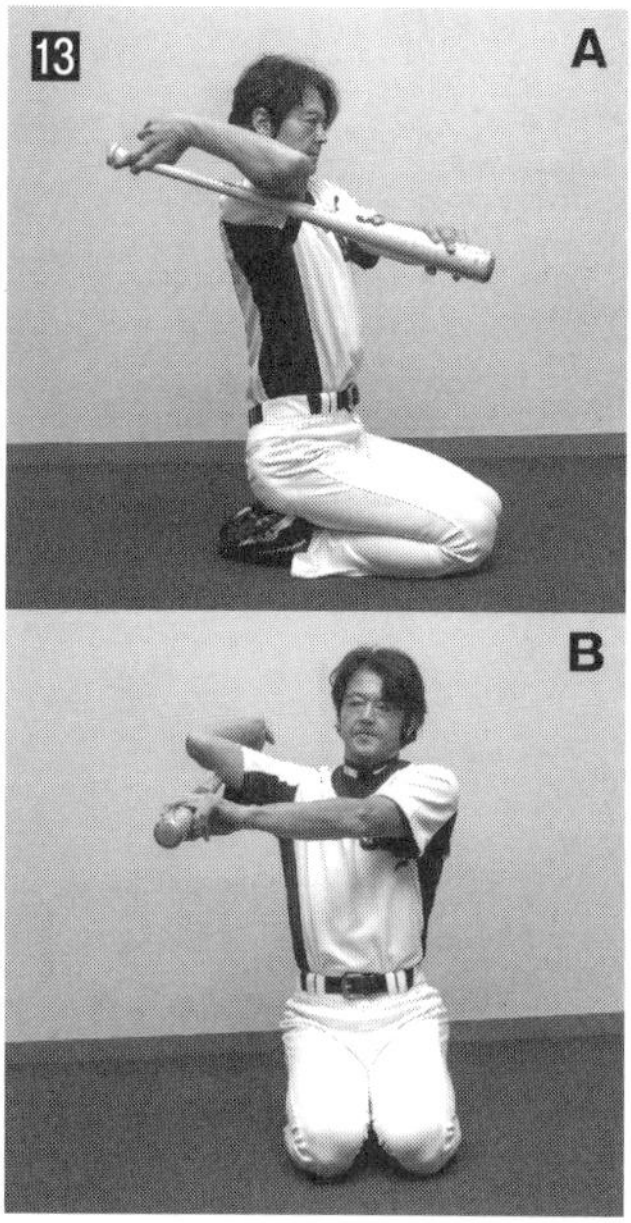

バットを使って
肩、ヒジ、肩甲骨のストレッチ

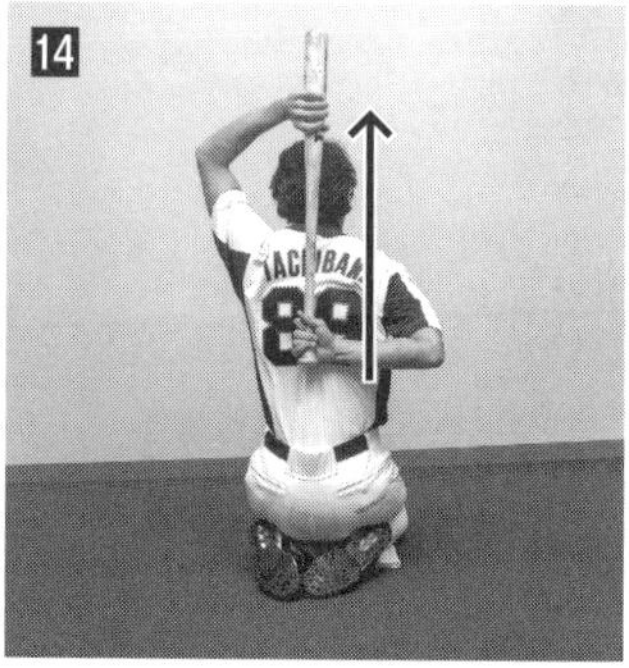

バットを上に引っ張ることで、肩、ヒジ、肩甲骨まわりの可動域を広げる。

股関節

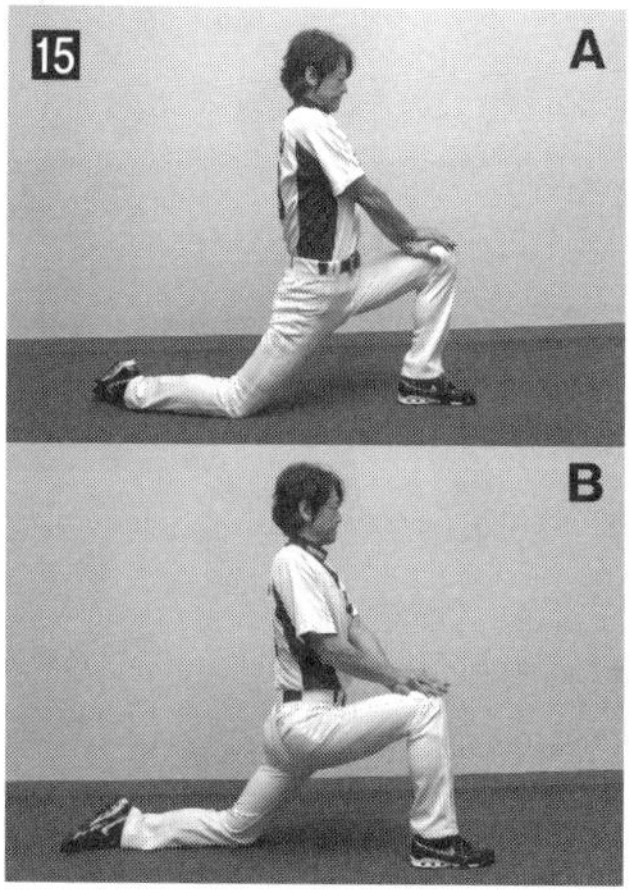

肩の前面を伸ばす

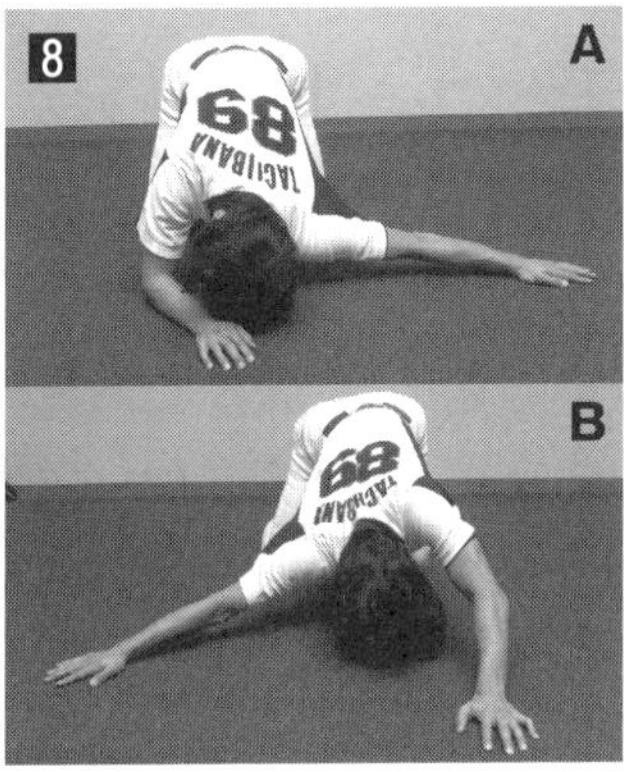

前腕（ウラ）

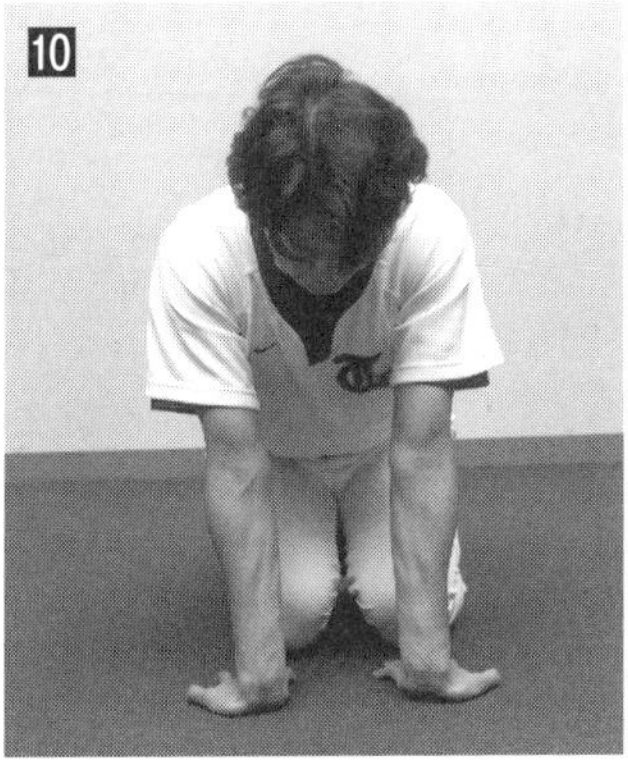

肩の後面を伸ばす

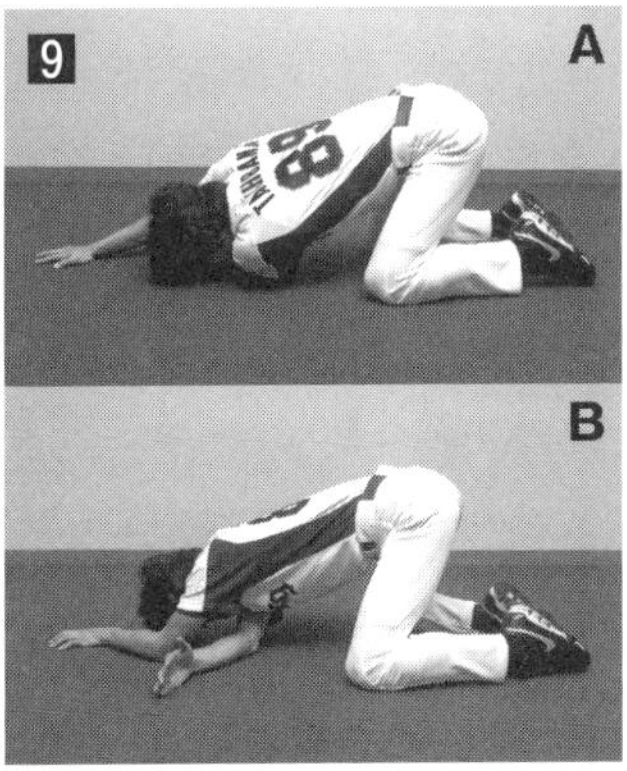

前腕（オモテ）

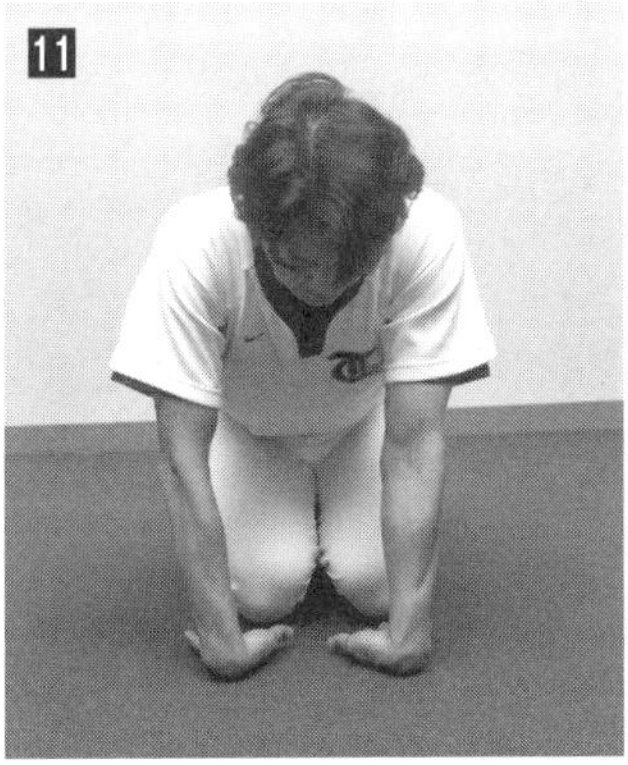

ケガ予防！　家でできる簡単トレーニング

トレーニングジムに通わなくても、ケガを防止するための体作りはいくらでもできます。小学生のうちは、それほど重いものを持ち上げたりする必要はありません。負荷の軽いものを、何度も持ち上げたり、引っ張ったりすることで筋肉（インナーマッスルとアウターマッスル）は刺激されます。

ここでは家でできる、簡単なトレーニングをご紹介します。

①リストカール（左右30回ずつ）

椅子などで腕を固定し、手首から先を前に出します。その状態で手には500㎖のペットボトル（水の入ったもの）を握り、下から上に手首を曲げます（次ページ写真1）。500㎖の水ではあまりに軽く感じてしまう場合は、ペットボトルに砂を詰めたりするのもひとつのやり方です。

②リストエクステンション（左右30回ずつ）

やり方は①のリストカールと同様ですが、今度は手の甲を上に向け、手首を反らせるようにペットボトルを持ち上げます（次ページ写真2）。

③回内・回外（ワイパー）（左右各20往復）

ペットボトルの飲み口のほうを握り、車のワイパーのように手首を内側から外側、外側から内側へと連続で回転させます（次ページ写真3）。

④グリップ

ヒジのケガを防止する筋肉（ヒジの内側の筋肉）を刺激するトレーニングです。寝転がった状態で、ペットボトルの飲み口の部分を握り、そのまま腕の位置は固定したまま、薬指と小指を使ってペットボトルを握るようにして持ち上げます（次ページ写真4）。

回内・回外（ワイパー）

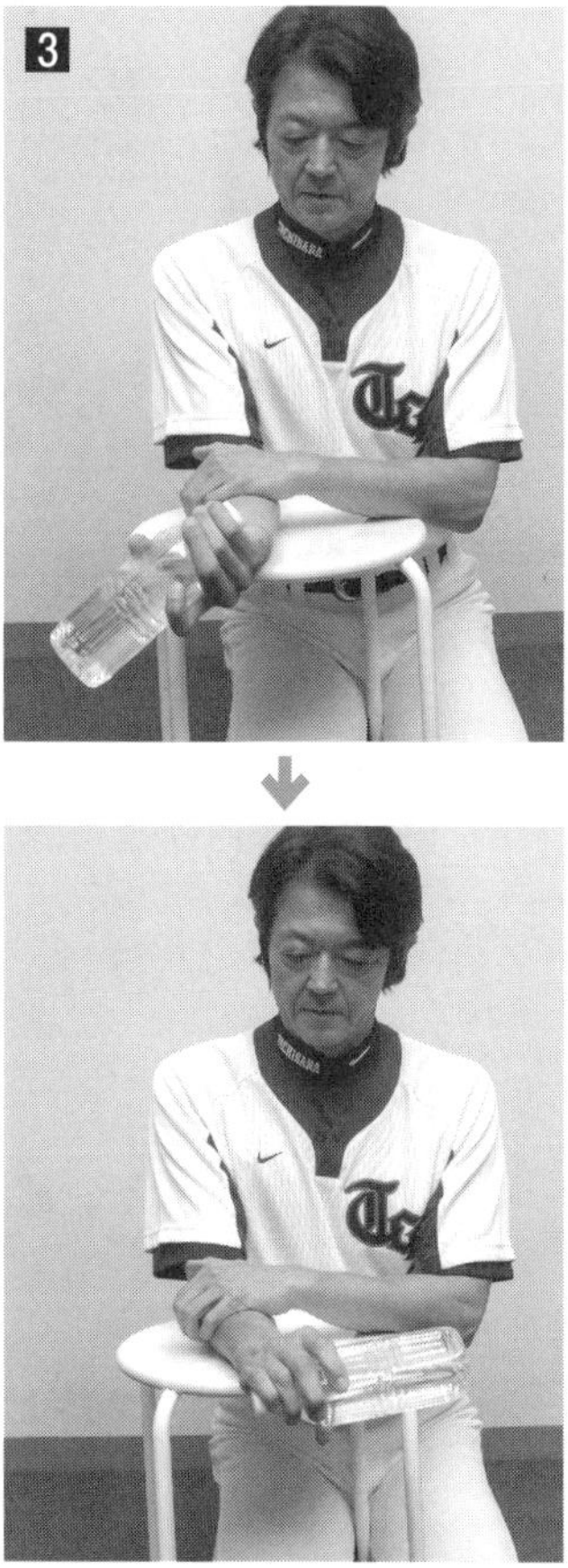

ペットボトルの飲み口のほうを握り、車のワイパーのように手首を内側から外側、外側から内側へと回転させる。

グリップ

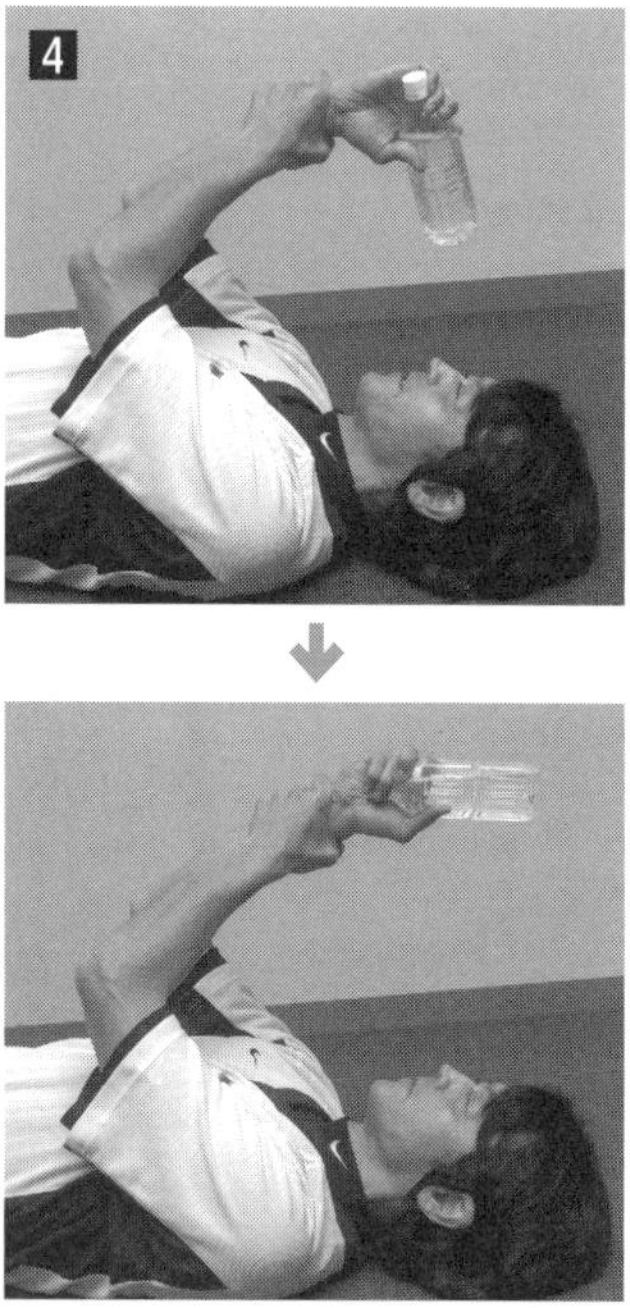

ヒジのケガを防止する筋肉を刺激するトレーニング。寝転がった状態で、ペットボトルの飲み口の部分を握り、そのまま腕の位置は固定したまま、薬指と小指を使ってペットボトルを握るようにして持ち上げる。

リストカール

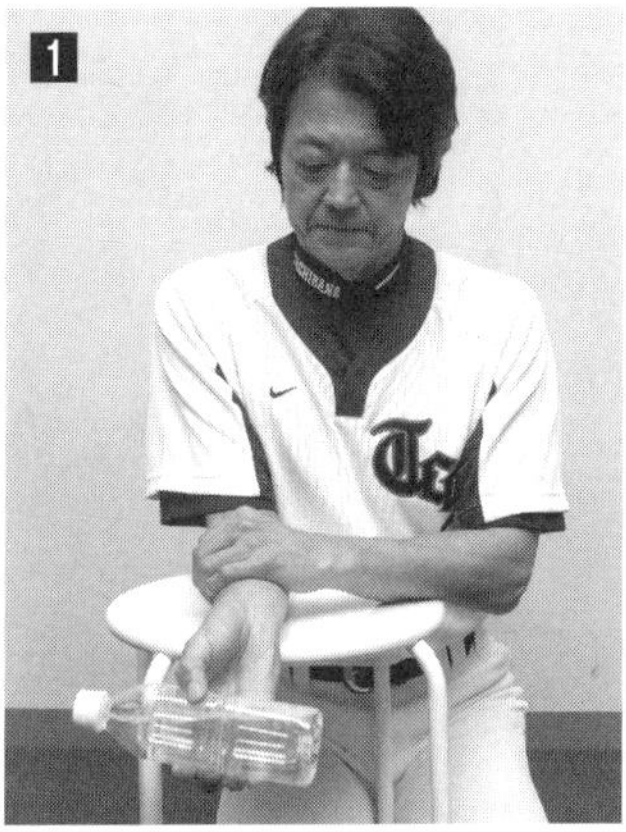

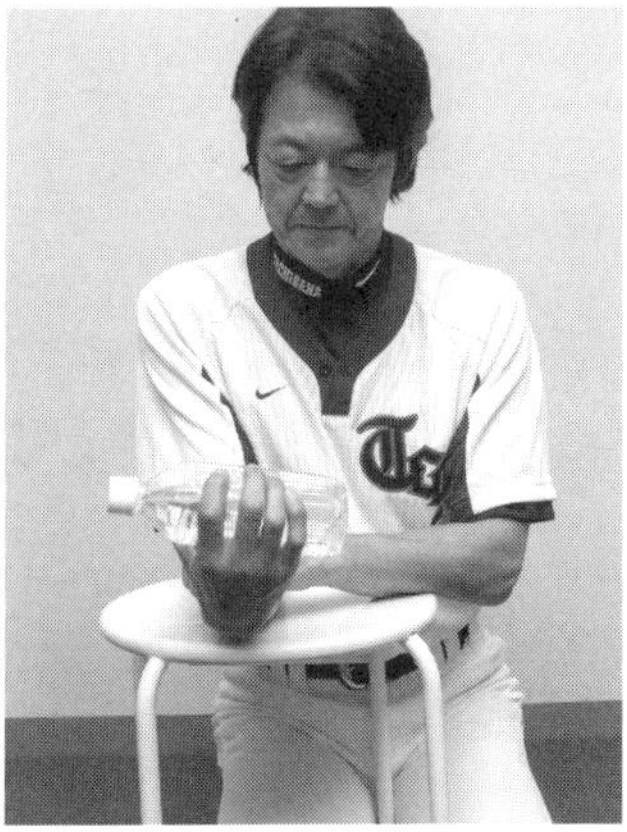

椅子などで腕を固定し、手首から先を前に出す。その状態で手には500mlのペットボトル（水の入ったもの）を握り、下から上に手首を曲げる。

リストエクステンション

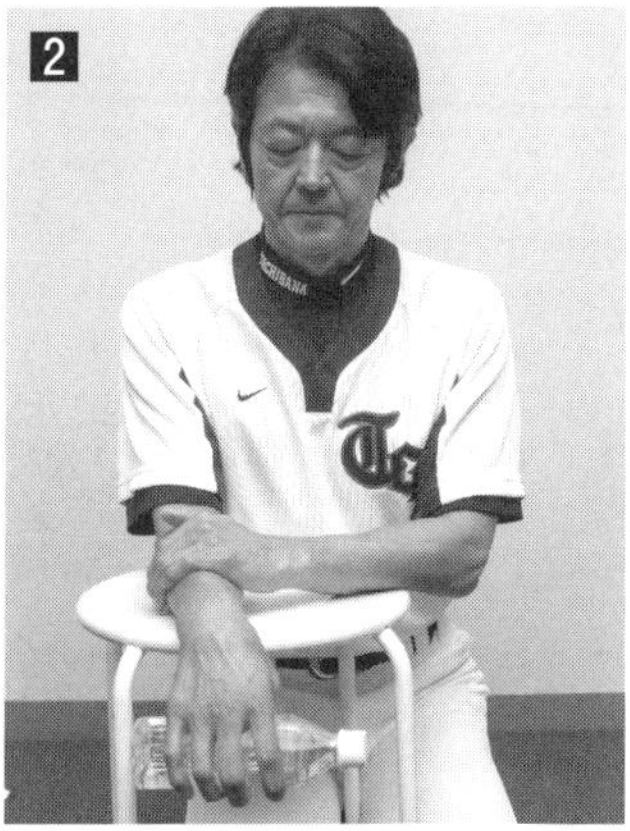

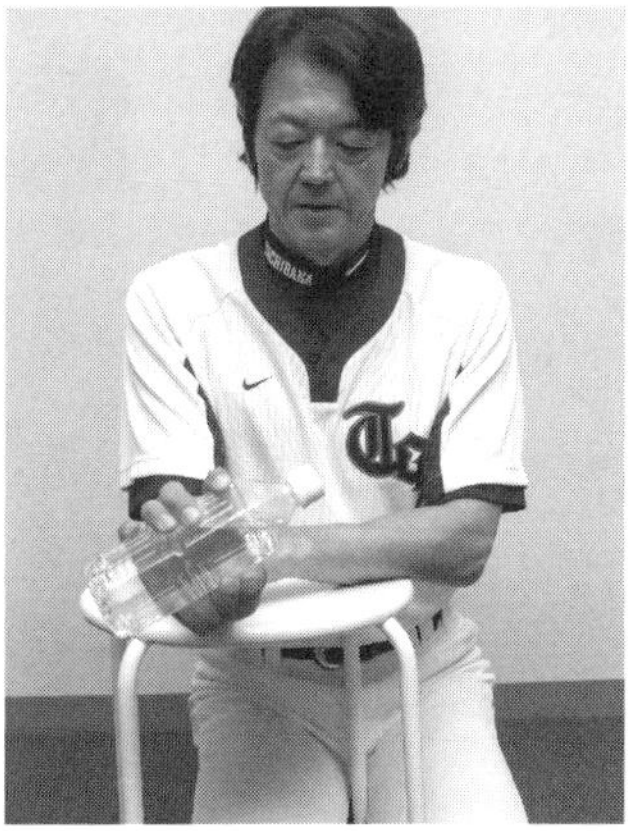

やり方はリストカールと同様で、今度は手の甲を上に向け、手首を反らせるようにペットボトルを持ち上げる。

⑤外旋・内旋（左右各20回ずつ）

Ｐ２２５で紹介したチューブでの外旋・内旋は、チューブがなくともできます。それがこのやり方です。チューブの時と同様、脇にはタオルを挟み、ペットボトルを握った手を下から上に引き上げます（次ページ写真５）。

寝転がらずに片ヒザを立てて座り、ヒザにヒジを固定し、ペットボトルを握った手を上に持ち上げる（次ページ写真６）やり方もあります。

いずれも、上に上げる時は素早く、下に下ろす時はゆっくりと、が基本です。これならテレビを見ながらでもできますよね。

⑥肩甲骨外転（10〜15回程度）

両手、両ヒザを床につけた状態から、左右の肩甲骨を中央の背骨側に寄せ（次ページ写真７）、その体勢を３秒間キープ。次に背骨を押し出す感じで肩甲骨を開き（次ページ写真８）、その体勢を３秒間キープ。これを繰り返します。肩甲骨の可動域を広げるトレーニングです。

⑦足の内旋（左右20回ずつ）

寝転がった状態でヒザを曲げ（次ページ写真９）、足のウラを天井に向ける感じでヒザから先を持ち上げます（次ページ写真10）。バッティングやピッチングで足を踏み込む際、足のウラを進行方向に向けることが大切だと解説しましたが、このトレーニングはそれを補助するものです。

⑧ブリッジ（約30秒〜1分）

うつ伏せの状態から、両ヒジと両足のつま先の4点だけで体を支え、静止します（次ページ写真11）。肩、背中、お尻、足が一直線になるようにしてください。テレビを見ながら、コマーシャルの時にやってみましょう。最初は30秒くらい、慣れてきたらどんどん時間を伸ばしましょう。このトレーニングは体幹を刺激し、ピッチング、バッティングで軸がブレないようになります。

メジャー流 55

トレーニングジムに通わなくても、ケガを防止するための体作りはいくらでもできる。小学生は負荷の軽いものを何度も持ち上げたり、引っ張ったりすることが重要。

肩甲骨外転

肩甲骨の可動域を広げるトレーニング。両手、両ヒザを床につけた状態から左右の肩甲骨を中央の背骨側に寄せ、その体勢を３秒キープ。次に背骨を押し出す感じで肩甲骨を開き、その体勢を３秒間キープ。これを繰り返す。

足の内旋

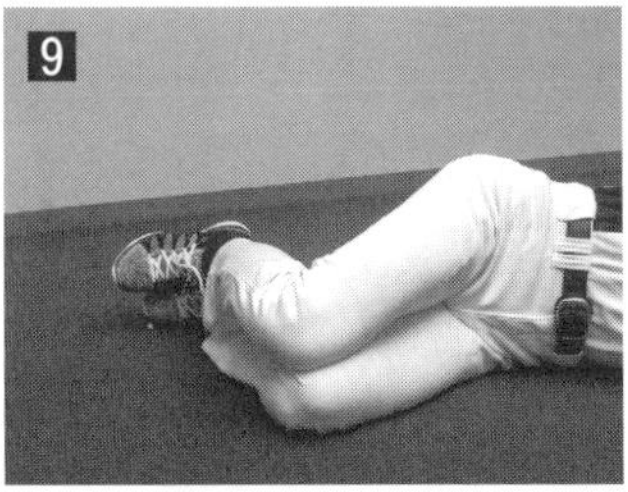

寝転がった状態でヒザを曲げ、足のウラを天井に向ける感じでヒザから先を持ち上げる。バッティングやピッチングで足を踏み込む際、足のウラを進行方向に向けることが大切だが、このトレーニングはそれを補助するもの。

ブリッジ

うつ伏せの状態から、両ヒジと両足のつま先の４点だけで体を支え、静止。肩、背中、お尻、足が一直線になるようにする。最初は30秒くらいで、慣れてきたら時間を伸ばしていく。体幹を刺激し、ピッチング、バッティングで軸がブレないようになる。

外旋・内旋

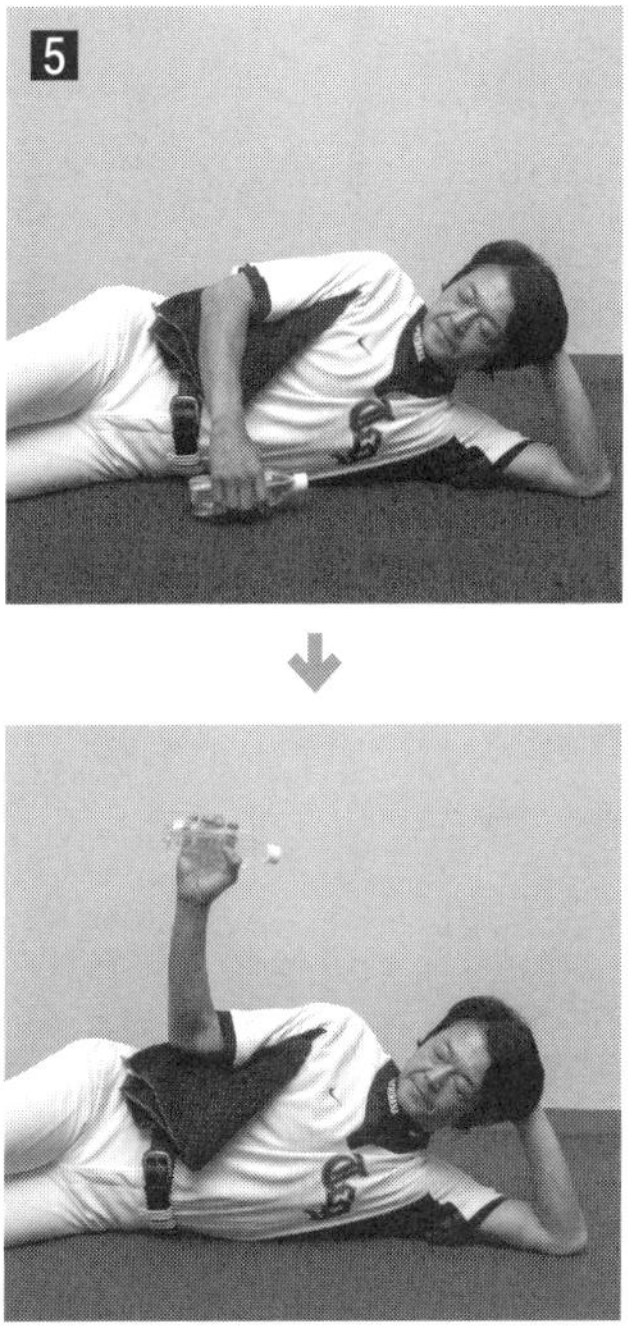

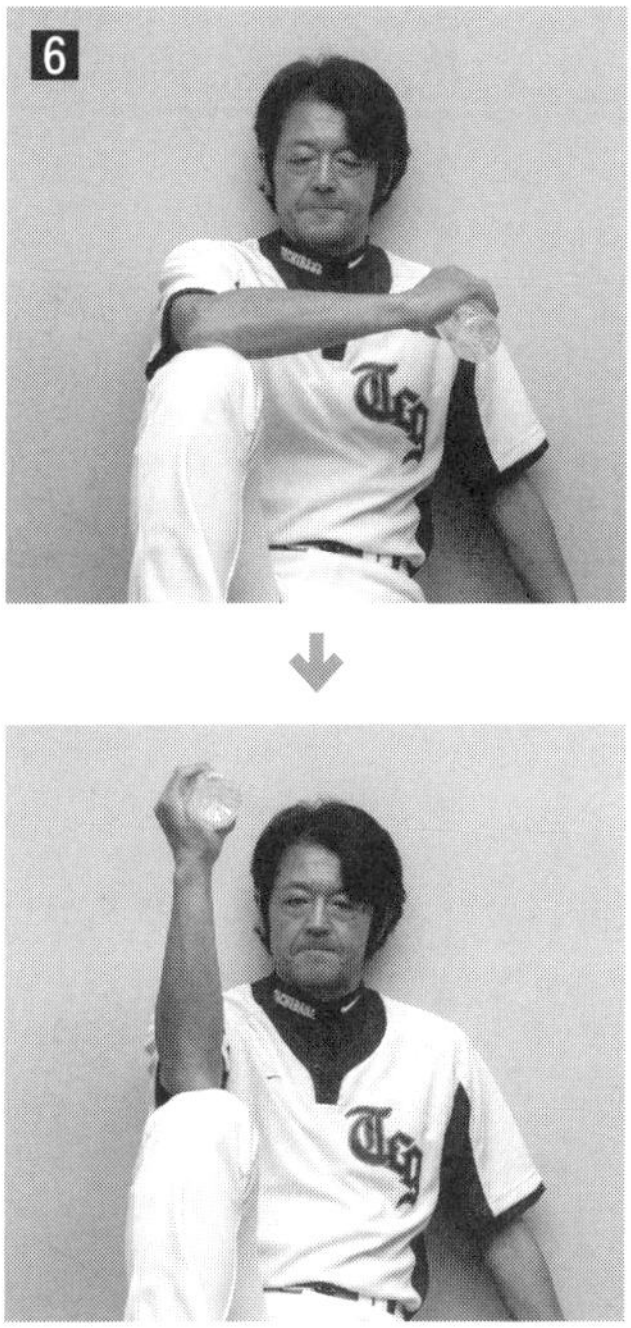

チューブでの外旋・内旋と同様、脇にはタオルを挟み、ペットボトルを握った手を下から上に引き上げる。寝転がらずに片ヒザを立てて座り、ヒザにヒジを固定し、ペットボトルを握った手を上に持ち上げるやり方もある。いずれも、上に上げる時は素早く、下に下ろす時はゆっくりと、が基本。

基礎体力を高める室内トレーニング

小学生くらいの子供たちにハードな筋力トレーニングはまったく必要ありませんが、基礎体力＆柔軟性を高めるための適度な練習はぜひ取り入れてほしいと思います。

子供の成長をアシストしてくれる、おすすめのトレーニング方法をここでご紹介します。雨の日のチームトレーニングに、あるいは家での自主トレに、次ページ以降の写真を見て、ぜひ取り入れてみてください。

①スパイダーマン（約10m程度）

うつ伏せの状態から両手、両足を交互に動かし、スパイダーマンのように進んでいきます（写真1・2）。内転筋が鍛えられ、股関節の柔軟性もアップします。

②スパイダーマン2（約10m程度）

①の起き上がったバージョンです。この時床に触れるのは両方の手の平と片足は足のウラだけ、もう片方の足はヒザとつま先が触れる感じになります。写真3→4のように

進んでいってください。

③スクワット（30回）

下半身トレーニングの王様です。写真5の通常のスクワットに加え、足をやや広げた写真6のような姿勢で行うオープンスクワットもあります。

ヒザを曲げる時、ヒザがつま先と同じ方向に曲がるようにしましょう。ヒザを曲げつつ、お尻を後ろに突き出すイメージ（写真7）で腰を下ろしていくようにしてください。

④ダイアゴナルクロス（左右10回程度）

仰向けになり、両手両足を伸ばした状態から、写真8のように対角線上にあるヒジとヒザをくっつけ、3秒程度停止します。そして再び両手両足を伸ばし、今度は逆のヒジとヒザをくっつけます（写真9）。このトレーニングは腹筋と太ももの強化に加え、バランス感覚の強化にもつながります。

⑤手足交互上げ（左右10回程度）

四つんばいになって、そこから写真10のように対角線上にあるヒジとヒザをくっつけて3秒停止、次に写真11のように手、足を伸ばし、そこでまた3秒程度停止します。再び四つんばいになり今度は逆のヒジとヒザで同じことを繰り返します。ヒジとヒザをくっつけた時は腹筋が、手足を伸ばした時には背筋が刺激され、バランスの強化にもつながります。

メジャー流 56

小学生にハードな筋力トレーニングはまったく必要ないが、基礎体力&柔軟性を高めて、体の成長をアシストしてくれる適度なトレーニングは、ぜひ取り入れてほしい。

スパイダーマン

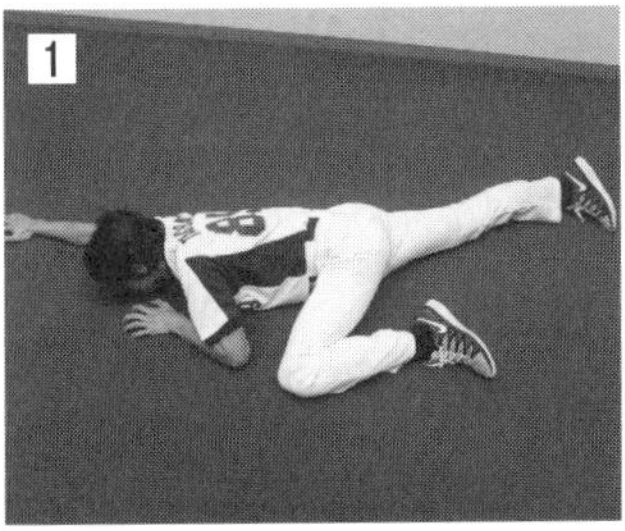

うつ伏せの状態から両手、両足を交互に動かし、進んでいく。内転筋が鍛えられ、股関節の柔軟性もアップする。

スパイダーマン2

スパイダーマンの起き上がったバージョン。この時床に触れるのは両方の手の平と片足は足のウラだけ、もう片方の足はヒザとつま先が触れる感じになる。

ダイアゴナルクロス

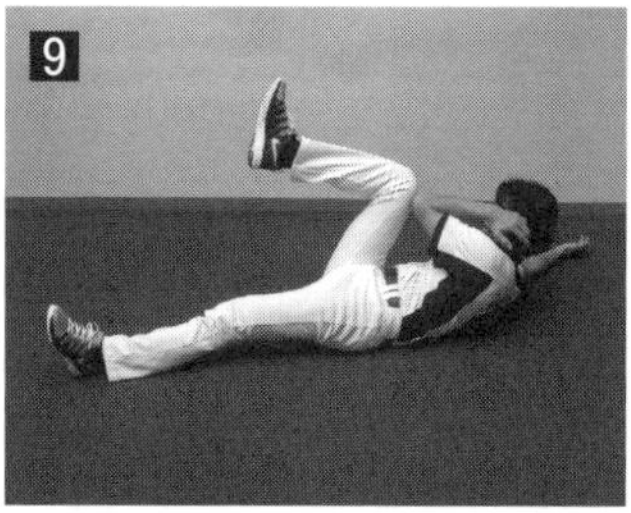

仰向けになり、両手両足を伸ばした状態から、対角線上にあるヒジとヒザをくっつけ３秒程度停止。再び両手両足を伸ばし、今度は逆のヒジとヒザをくっつける。これは腹筋と太ももの強化に加え、バランス感覚の強化にもつながる。

手足交互上げ

四つんばいになって対角線上にあるヒジとヒザをくっつけ３秒停止。次に手、足を伸ばし、そこでまた３秒程度停止。再び四つんばいになり今度は逆のヒジとヒザで同じことを繰り返す。ヒジとヒザをくっつけた時は腹筋が、手足を伸ばした時には背筋が刺激され、バランスの強化につながる。

スクワット

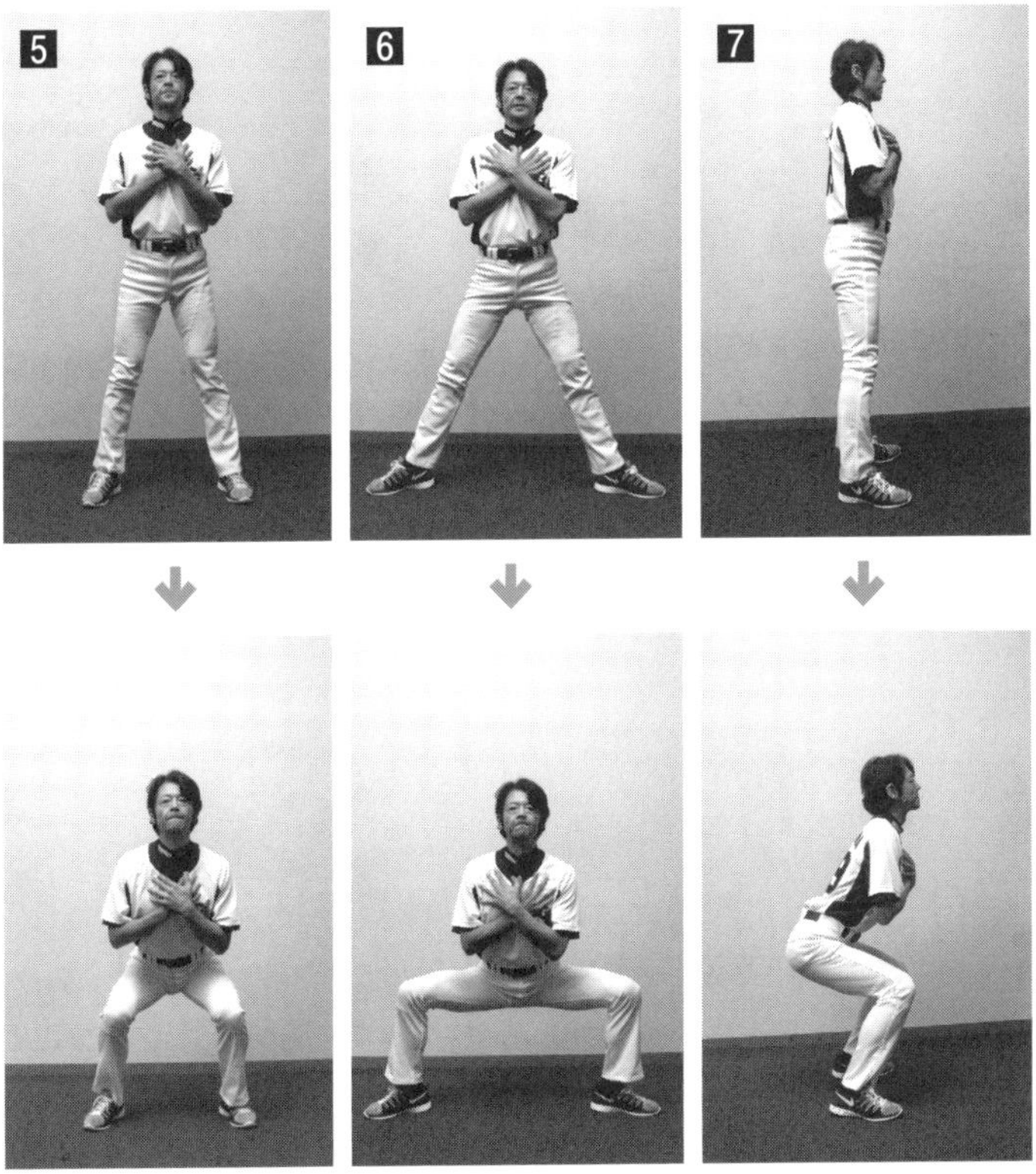

通常のスクワットに加え、足をやや広げた姿勢で行うオープンスクワットもある。ヒザを曲げる時、ヒザがつま先と同じ方向に曲がるようにする。ヒザを曲げつつ、お尻を後ろに突き出すイメージで腰を下ろしていく。

第8章

現代の野球少年たちに必要な〝眼〟のトレーニング

今こそ、眼を鍛えよう

今の子供たちは〝視る力〟が衰えている

現代の子供たち、とくに都心に暮らす子供たちはビルに囲まれた環境に育ち、なおかつゲームやパソコン、スマホなどばかり見ているため、目でモノを捉える能力、空間の奥行きを目で認識する能力が、かつての子供たちよりも格段に劣っています。

図Aのように、人間は水晶体というレンズを通して物を認識します。このレンズが遠くの物を見ている時は薄くなり、近くの物を見る時は厚くなるようにできています。

少年野球でバッターボックスに入れば、約16mほど離れたところにいるピッチャーを見ます。つまり、ピッチャーが投げる前の水晶体は薄く、投球が目の前に迫ってきた時には厚くなっているわけです。

図Bに記したチン小体筋と毛様体筋というふたつの筋肉が、水晶体を厚くしたり薄くしたりしています。

水晶体を厚くしたり薄くしたりする動きは筋肉によって行われますから、使わなければその働きはどんどん低下していきます。

現代社会の子供には、「遠くを見る」という習慣も環境もあまりありません。いつも

A

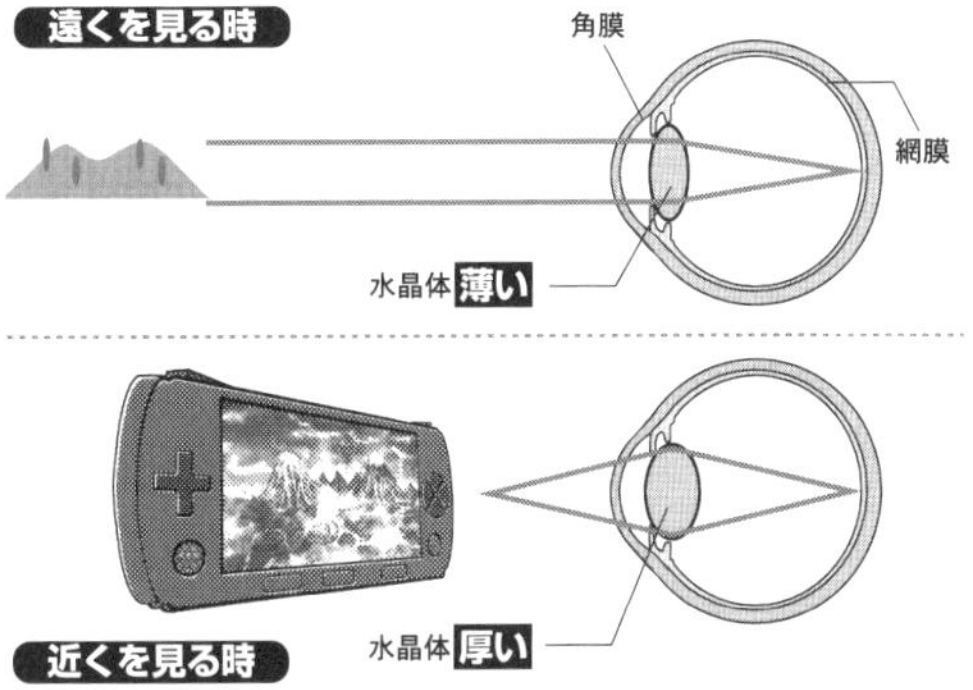

人間は水晶体というレンズを通して物を認識する。水晶体は遠くの物を見ている時は薄くなり、近くの物を見る時は厚くなる。少年野球でバッターボックスに入れば、約16mほど離れたところにいるピッチャーを見る。つまり、ピッチャーが投げる前の水晶体は薄く、投球が目の前に迫ってきた時には厚くなる。

B

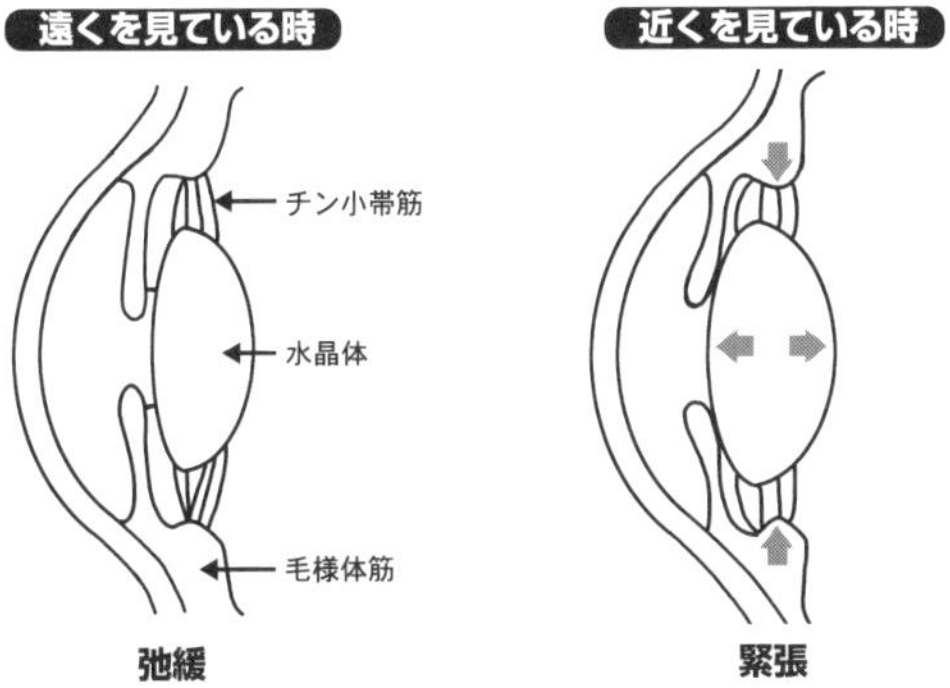

チン小体筋と毛様体筋というふたつの筋肉が、水晶体を厚くしたり薄くしたりしている。水晶体を厚くしたり薄くしたりする動きは筋肉によって行われるため、使わなければその働きはどんどん低下していく。

近くばかりを見ていますから、空間の奥行きを捉える力もとても衰えています。

言い換えれば、動体視力をはじめとする〝視る力〟が、ひと昔前の子供たちに比べて劣っているわけです。

面倒かもしれませんが、これはトレーニングしないことには平均的な〝視る力〟を養うことはできないのです。

図Bで解説したチン小体筋と毛様体筋が弱ければ、当然ピッチャーの投球にも目がついていかず、反応が遅くなって詰まった当たりになったり、空振りしたりすることになります。

「あの子は緩いボールはよく打つけど、速いボールはまったく打てないな」

そんなタイプの選手は、もしかしたら〝視る力〟に原因があるのかもしれません。そのためには「目の柔軟性」を高めるトレーニングが必要です。

メジャー流57

現代っ子たちは環境の変化から目でモノを捉える能力、空間の奥行きを目で認識する能力が劣っている。視る力を高めるには、「目の柔軟性」を高めるトレーニングが効果的。

目の柔軟性を高めるトレーニング

それでは、目の柔軟性を高めるトレーニングをしてみましょう。

やり方は簡単です。図Aのように壁に貼ったカレンダー（ポスターや壁掛け時計でも可）と手に持ったカレンダー（本や写真やカードなど何でも可）を交互に見て、素早くピントを合わせるという練習です（3分間ほど）。

ピントの切り替えに、最初はちょっと手間取るかもしれませんが、続けていくうちにピントの合うのがどんどん早くなるはずです。

カレンダーなどの壁に貼られた対象物からはできるだけ離れ、手に持ったカードはできるだけ近

A 目の柔軟性を高めるトレーニング

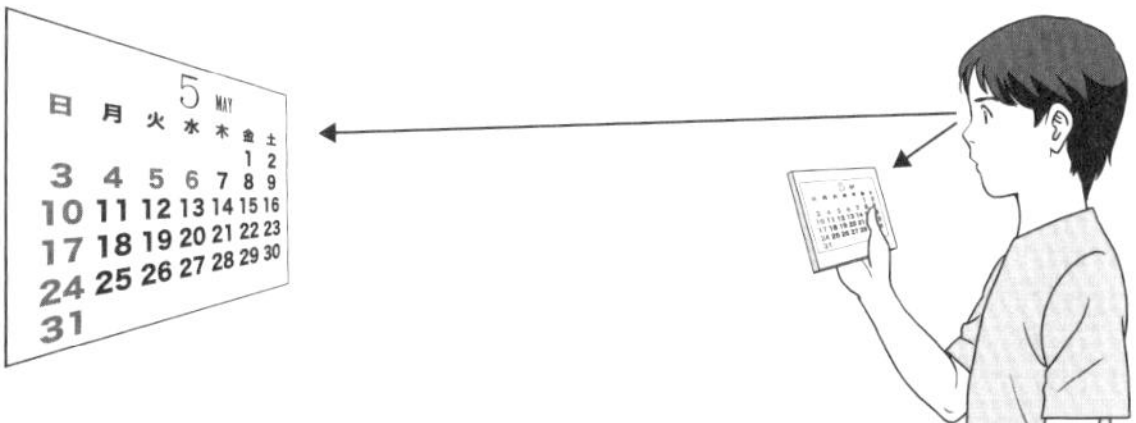

壁に貼ったカレンダーと手に持ったカレンダーを交互に見て、素早くピントを合わせる練習。それぞれ、ピントがボケた状態で視線を切り替えず、必ずピントが合ってから「遠く→近く→遠く」と視線を切り替えるようにする。

づけてピントを合わせるのがポイントです。

それぞれ、ピントがボケた状態で視線を切り替えず、必ずピントが合ってから「遠く↓近く↓遠く」と視線を切り替えるようにしましょう。

メジャー流58

目の柔軟性を高めるには、壁に貼ったカレンダーと手に持ったカレンダーなどを交互に見て、素早くピントを合わせるという練習（3分間ほど）を毎日続けよう。

あちこちを瞬時に視る力を鍛える

目は上下左右、いろんな方向に動きますから、顔を動かさなくてもあらゆる方向を見ることができます。

これは眼球運動と呼ばれる動きで、6本の外眼筋（次ページ図A）によって眼球はいろんな方向に動くことができるようになっています。

そして水晶体を動かす筋肉と同様、この外眼筋も使わなければどんどん衰えていきます。

例えば、ピッチャーの投じたカーブ（もしくはスローボール）は高目から低目へと落ちていきます。しかし、外眼筋の力の落ちている人は、この落下のスピードに眼球の動きがついていきませんから、当然そのカーブを打ち損じる（あるいは空振りする）ことになります。

ここで、眼球の外眼筋を使う「視点移動法」というトレーニングをご紹介しましょう。

A4くらいの紙の四隅に、マジックなどで点を書きます。その紙を顔の20〜30cm程度前に置き、あとは図B（次ページ）にあるようにそれを順番に見ていくだけです。

この時、視点の切り替えを極限まで速くする必要はありません。テンポ良く、1↓2↓3↓4↓1↓2……と見ていくようにするだけで十分です。

横と縦を合わせて3分間ほど繰り返すことで、6本の外眼筋をバランスよく鍛えることができます。

メジャー流 59

眼球運動は、6本の外眼筋によって眼球がいろんな方向に動くことができるようになっている。動いているものを目で捉えるには、この筋肉が正しく機能しなければならない。

A

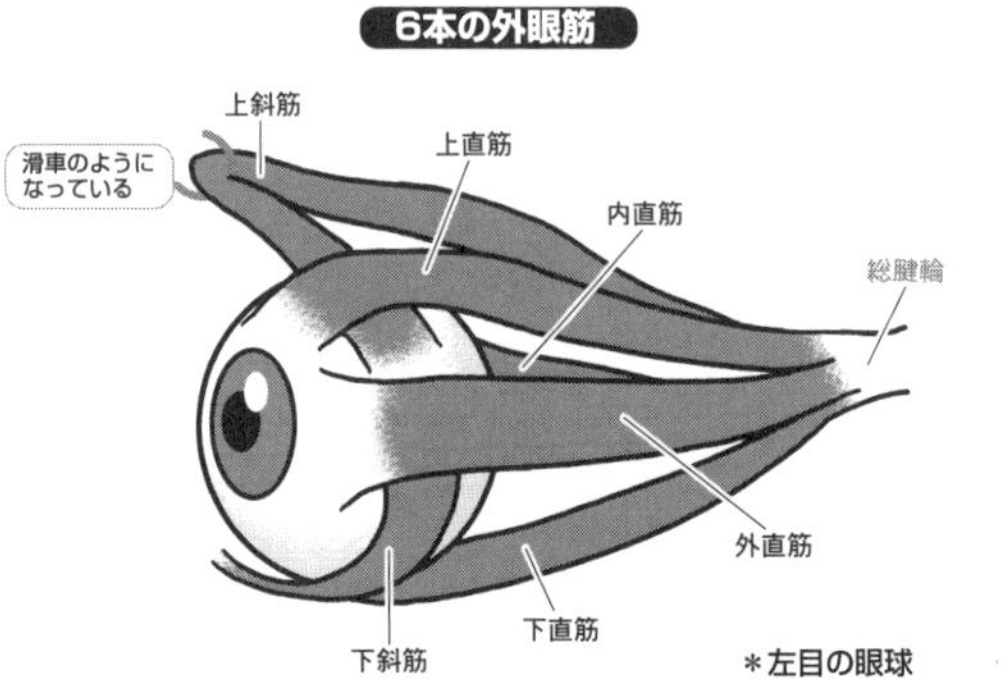

眼球運動は、6本の外眼筋によっていろんな方向に動くことができるようになっている。水晶体を動かす筋肉と同様、この外眼筋も使わなければどんどん衰えていく。

B 視点移動法トレーニング

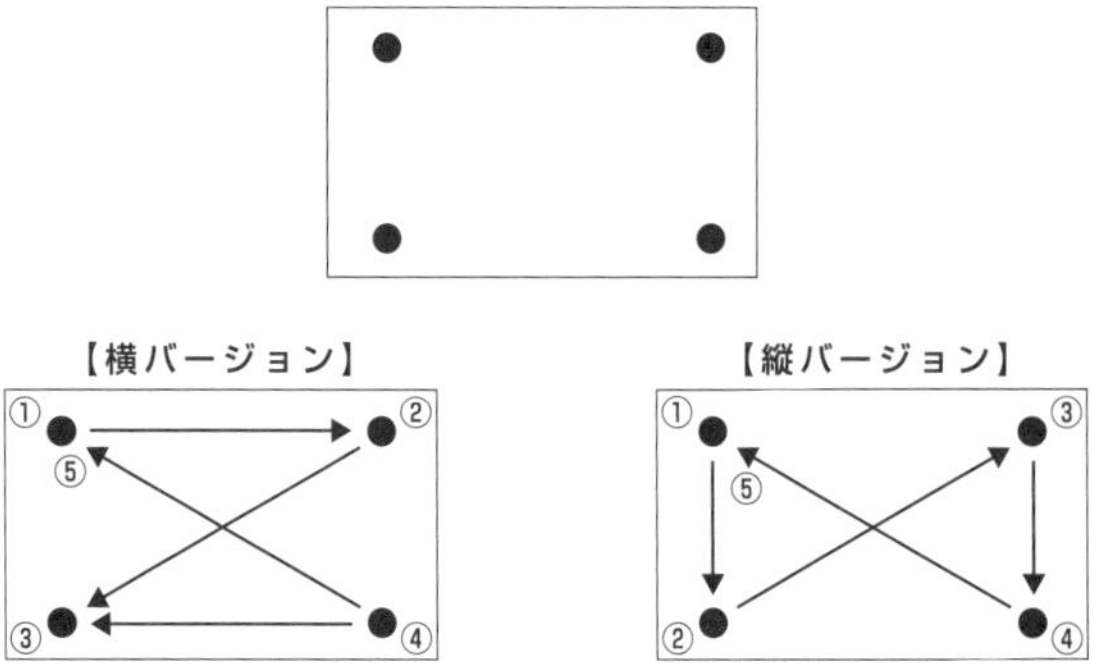

A4くらいの紙の四隅にマジックなどで点を書く。その紙を顔の20 ～ 30cm程度前に置き、それを順番に見ていく。この時、視点の切り替えを極限まで速くする必要はない。テンポ良く、1→2→3→4→1→2……と見ていくだけで十分。横と縦を合わせて3分間ほど繰り返すことで、6本の外眼筋をバランスよく鍛えることができる。

名選手は周辺視野が広い

ここまでは、両目のチームワークを鍛えるトレーニング法をご紹介してきました。最後に、スポーツをする際にとても重要とされる〝周辺視野〟の鍛え方をご説明したいと思います。

何かを見ている時、ハッキリとではなくとも、その周囲のモノもある程度見えていますよね。これが周辺視野と呼ばれるものです。

周辺視野が広ければ広いほど、脳に入ってくる情報量は多くなるので、スポーツでも有利に働きます。

野球で言えば、ボールが主役だけれども、ランナーも見なければいけないランダウンプレーや、ゴロのバウンドがいきなり変化するイレギュラーバウンド、さらに他の野手と交錯しそうなフライ捕球時、あるいは打席に立っている時、1塁ランナーが走ったかどうかの確認など、周辺の情報をどれだけ拾えるかが重要になってくるプレーに、〝周辺視野〟は大きく関わっています。

それでは、周辺視野のトレーニング方法をご紹介しましょう。

図Aをご覧ください。

直径50㎝ほどの円に12までの数字をランダムに書き入れます。

これを壁に貼って30～40㎝程度離れ、あとは1から12までをリズムよく見ていくだけです。

1分半ほどやったら、今度は12から1へ逆に見ていくなど、パターンを変えてやってもいいと思います。

ポイントは顔は絶対に動かさず、目だけを動かすようにすること。このトレーニングは周辺視野だけでなく、眼球を正確に動かすトレーニングにもなります。

ここでご紹介した〝視る力〟の重要性に関しては、まだまだ一般にはあまり知られていません。

「何かあいつ、最近動きが悪いな」

「三振が増えたな」

「エラーが増えたな」

それらの原因は、もしかしたら〝眼〟にあるのかもしれません。

そんな時、眼のトレーニングをしっかりすることによって、その選手は見違えるよう

A　周辺視野トレーニング

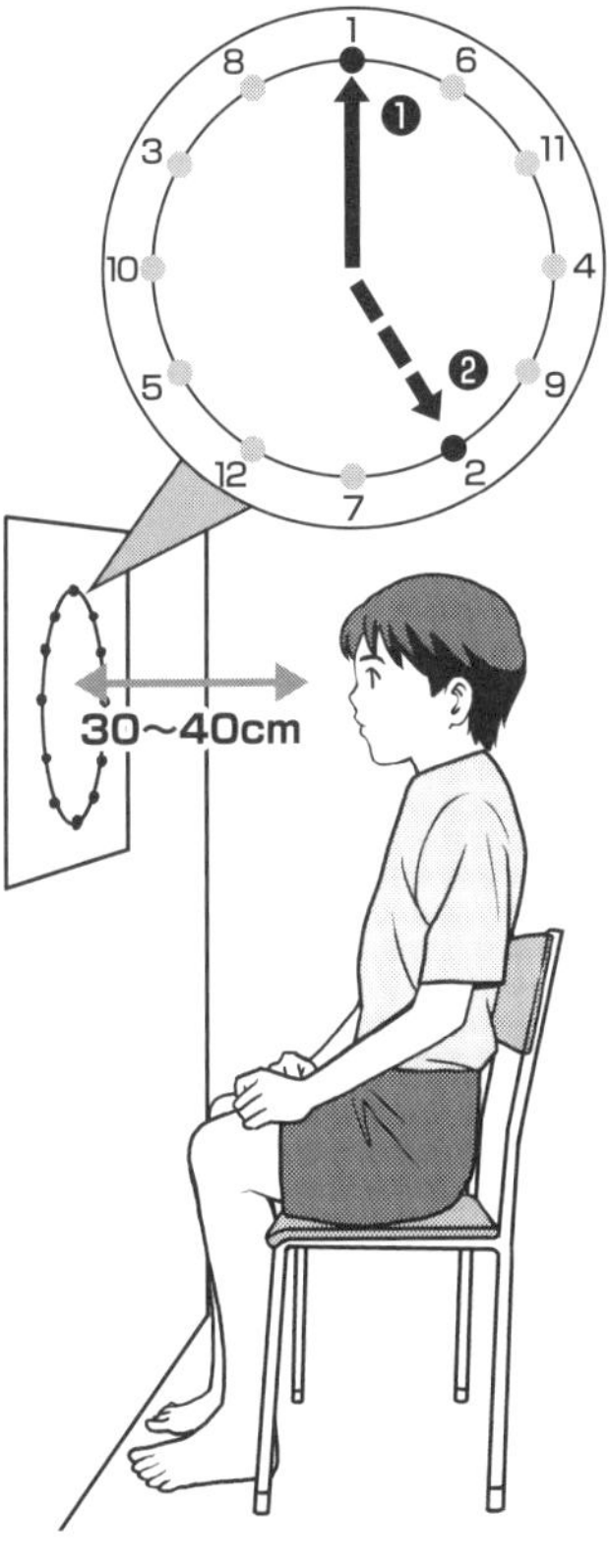

直径50cmほどの円に12までの数字をランダムに書き入れる。これを壁に貼って30 〜 40cm程度離れ、あとは1から12までをリズムよく見ていく。1分半やったら今度は12から1と逆に見ていくなど、パターンを変えてやってもいい。ポイントは顔は絶対に動かさず、目だけを動かすようにすること。このトレーニングは周辺視野だけでなく、眼球を正確に動かすトレーニングにもなる。

に力を伸ばす可能性があります。

今の子供たちはビルに囲まれた環境によって、遠くを見たり、あるいは遠くと近くを見比べたりする機会がほとんどありません。ここでご紹介した〝眼のトレーニング〟は、今の時代だからこそとくにやっていかなければならないことだと思います。

メジャー流 60

周辺視野が広ければ広いほど、脳に入ってくる情報量は多くなるので、スポーツでも有利に働く。野球のみならず、スポーツ界で名選手と呼ばれる選手は周辺視野が広い。

おわりに

プロ野球界初のコンディショニングコーチとして、私が近鉄バファローズに入団したのは今から26年前のことです。

各選手のコンディションを見る以上、すべての選手に一軍で活躍してもらいたいと思いながら活動してきました。しかし、残念ながら志半ばに球界を去っていく選手もたくさんいました。

活躍できずに辞めていった選手の中には、その後の人生で新たに仕事を始めるなどして花が開いた人もいます。ですが、そういった成功者はほんの一握りで、引退した人たちの7割くらいは、私からすると〝不幸〟に見えます。

プロ野球を引退した後、なぜ不幸になってしまうのか？

その理由は、その人がそれまでの人生の中で、〝野球〟しかしてこなかったからに他なりません。

小さい頃の夢が「僕は将来プロ野球選手になりたい」だけではダメなのです。

「僕は将来プロ野球選手になりたい」という夢を抱くのは大いに結構だと思います。しかし、その先、「選手生活が終わったら、こういうこともやってみたい」というセカンドドリームも語れる子供たちを、私たちは育てていかなければいけないと思います。

セカンドドリームを達成するためには、スポーツだけではなく、勉強もしっかりやっておかなければならない。それを子供たちに理解させることが重要なのです。

「勉強しろ」とだけ言っても、ほとんどの子供は勉強しません。なぜなら「なぜ勉強しなくてはいけないのか？」が明確になっていないからです。

私が今まで関わってきた子供たちには、「文武両道」を指導してきました。「人生は野球選手以外で生きていく時間のほうがはるかに長いんだよ」と伝え、自ら「勉強の大切さ」に気付いてもらう。

例えば、子供たちに「六大学に行け」と言うよりも、実際に神宮球場で行われている六大学野球の公式戦に連れて行ったほうが、大学進学への自発性が育まれます。

六大学の試合を実際に観戦し、「僕もあんなところでプレーしてみたい」と思うことによって、子供は自主的に勉強をするようになるのです。

結果として、私が指導した野球少年たちは、六大学などの名門でプレーすることを目指して、勉強もするようになっていますし、実際に六大学でプレーしている選手もたくさんいます。

小学校から中学、中学から高校くらいまでは、「野球がやりたい」という気持ちがあれば、野球を続けることができます。大学でもそれなりの情熱があれば、野球を続けることは可能でしょう。

しかし大学卒業後、「野球がやりたい」と思っても、プロ野球はもちろん社会人野球や硬式のクラブチームに進めるのは、ごく一部の選手に限られます。選手の95％は〝草野球〟で野球を続けることになるのです。

つまり、22歳以降は「選ばれし者」しか本格的な野球ができなくなるということです。いくら「野球で飯を食っていきたい」と思っても、ほとんどの選手は22歳で別の道に進まざるを得なくなります。

「22歳になり、野球が終わった後は何をしていくのか？」

小学生、あるいは中学生くらいから、「野球が終わった後の自分」というものを考えさせていく必要があります。

さらに言えば、22歳になる前に、もしかしたらケガなどによって野球の道が閉ざされてしまう可能性もあるわけです。

子供にいろんな生き方、道があることを小さい頃から教えておけば、いざ何かあっても絶望することも、慌てふためくこともなく、新たな道を切り開いていくことができます。

「プロ野球選手になりたい」

夢はひとつしか持てないという決まりはありません。「プロ野球選手になりたい」という夢と同時に、「教師になりたい」「サラリーマンになりたい」「職人になりたい」という夢を持ったっていいのです。いや、むしろ夢は複数持っておくべきなのです。

本書をお読みになったみなさんが、今まで以上に野球を楽しんでくれるようになれば、そしてケガをする選手がひとりでも減ることになれば、著者としてこれほどうれしいことはありません。

２０１５年3月　立花龍司

最新！ メジャー流
野球コーチング術

2015年4月10日　初版第一刷発行

著者／立花龍司

発行人／後藤明信
発行所／株式会社竹書房
〒102-0072　東京都千代田区飯田橋2-7-3
03-3264-1576（代表）03-3234-1333（編集）
振替00170-2-179210
URL　http://www.takeshobo.co.jp

印刷所／共同印刷株式会社

カバー・本文デザイン／轡田昭彦＋坪井朋子
イラスト／山本幸男
図版／小出耕市
撮影／北村泰弘
構成／萩原晴一郎

編集人／鈴木誠

Printed in Japan 2015

乱丁・落丁の場合は当社にてお取り替えいたします。
定価はカバーに表示してあります。

ISBN978-4-8019-0246-6 C0076